不用努力工作，
生活依然從容不迫

低成本生活

低コスト生活

がんばって働いている訳じゃないのに、なぜか余裕ある人がやっていること。

風野民

賴郁婷　譯

前言

「我想重新規劃生活費」

「我想存錢，讓生活和心靈能過得更從容」

可是到底該怎麼做呢？

工作讓人心力交瘁，但是又不能說辭就辭。有時候覺得生活很煩躁，可是真要說到底在煩什麼，又說不出個所以然來。

生活中有很多事情都像這樣，想要改變，卻不知道該從何著手。

幾年前的我也是這種心情，即便是現在也還在努力摸索當中。

大家好，我叫做Kazenotami。

我現在過著每個月花費只要7萬日圓（包括房租）的減法生活。我在網路上創立了一個叫做「KAZETAMI RADIO」的語音頻道，不時會透過 YouTube 分享關於「調整生活和自己」的內容。

我原本是個上班族，後來因為不適應那樣的工作生活，導致身心俱疲，把身體給搞壞了。於是，我開始尋找適合自己的工作方式和生活，就這樣摸索出現在這種低物欲、低成本的生活。

現在的大環境瞬息萬變，使人應接不暇。

通膨，物價上漲。

我從收聽我的頻道的聽眾身上觀察到，比起過去，這幾年對「生活財務」的話題感興趣的人有逐漸增加的趨勢。

我相信正在讀這本書的你，一定也是因為想解決這方面的不安吧。

首先我要告訴大家的是，低物欲、低成本的生活並不等於要忍耐。

說到「減法生活」，很多人的印象都是必須克制欲望，像是「戒掉平常很喜歡吃的麵包」等。

這種突然急踩煞車般的忍耐和克制，短時間內也許真的可以讓人存到錢，或是生活變得簡樸，可是長期下來會演變成壓力，甚至可能引發反彈效應。

那麼，怎麼做才能減少生活開銷，同時又過得開心滿足呢？

這幾年下來我得到的答案是，低物欲、低成本的生活＝回歸真正的自己。

與其說忍耐自己想做的事情，應該用回歸自我的方式去重新檢視過去充滿太多非必要事物的生活和金錢開銷，這麼一來，生活自然而然會變得簡約，也不再需要太多的金錢。

換句話說，低成本的生活不是做到節約就好，它其實是一段「重新找回真正自我的過程」。

對於那些認為「節約就是要克制欲望」的人來說，這種說法聽起來也許讓人難以相信。

不過，根據我透過自己的生活不斷嘗試之後得到的結果，低物欲、低成本的生活的確讓我找回了真正的自己。現在的我，生活過得十分滿足。

什麼是低成本生活的思維？

舉例來說，如果想要減少生活開銷，與其克制自己「喜歡在星巴克邊喝咖啡邊看書」的習慣，應該先想想「自己為什麼喜歡星巴克」、「有沒有什麼辦法可以不花一毛錢就得到同樣的效果」。

▼喜歡星巴克的原因

・喜歡聽著星巴克店裡的音樂看書
↓也許可以在家裡放著音樂看書
・喜歡在外面喝咖啡的氣氛
↓也許可以在家泡好即溶咖啡，裝在保溫瓶裡，連同家裡原本就有的零食點心，到附近的公園裡悠閒地品嘗

像這樣針對「我喜歡〇〇」去仔細拆解、分析，會發現一些以前自己也不知道的

開心的真正原因。

透過仔細分析自己滿足、開心的原因，就能找到「真正喜歡的事物」。這也是讓自己從不自覺間受外界影響而形成的錯覺中獲得解放的過程。

一旦能放下這些錯覺，生活和心靈就會愈來愈輕鬆。

這時候你也會慢慢遇見一個全新的、「滿意的自己」，找到更多新的樂趣，例如「在家放著音樂、悠哉看書的自己」、「在公園悠閒享受咖啡的自己」等。而且，你會發現自己不會再過度依賴金錢的力量。

在接下來的內容中，我會為大家介紹各種低成本的方法，包括金錢的使用方法和管理，以及食衣住、日常習慣和思維等。這些都是我為了追求「讓自己喜歡自己」的狀態，不斷反覆嘗試與摸索所得到的心得。

此外，在每一章的最後會有個叫做「KAZETAMI會談室」的問答專欄，我會針對大家在我的社群媒體和「KAZETAMI RADIO」上留言詢問的各種生活疑難雜症來回答。

與其強迫自己「一定要照著內容去做」，我更希望大家可以像是在看朋友的朋友的故事一樣，輕鬆地閱讀這本書。

看到感興趣的內容，就用「如果不適合就算了」的輕鬆態度去嘗試看看。書中介紹的方法，基本上都不需要花到任何一毛錢，反而如果不照著做的話，錢可能會一直離你而去也說不定（笑）。

而且除了金錢以外，說不定還會有其他意外的發現。

「我用你教的方法，每個月的伙食費省了好幾萬日圓」、「我原本不會理財，可是現在我已經能存到錢了」。每當看到聽眾告訴我這些令人驚喜的回饋時，我都會認為這不是我的功勞，而是他們在「需要的時候」遇見了「需要的知識」。

同樣的，我相信各位一定也是在「需要的時候」才遇見這本書，而在接下來的閱讀過程中，若是發現感興趣的內容，那也許就是現在的你所「需要的知識」。

目次

序章 低成本生活的定義

第1章

金錢的整頓

第2章 食衣住的整頓

第3章

思考和習慣的整頓

第4章

用心維持生活

序　章

低成本生活的定義

少了「非得要～」的生活

幾年前，我還是一個在小公司上班，生活平凡無奇的上班族。可是，現在我每天除了更新社群媒體以外，偶爾還會像這樣寫寫文章。

以前我就跟大部分的人一樣，把大半的生活全部投入工作，對自己的心理狀態和健康毫不關心。不過值得慶幸的是，現在我已經學會依照自己的步調和節奏生活，有時候認真經營網路社群，有時候也會視自己的狀況放下一切，好好休息。

自從過著這樣的生活以來，我就再也沒有感冒過了。我想這就是最好的證明，說明了目前這就是最適合我的生活。

就這樣，作為一個完全不努力（努力不起來）的自由工作者，這樣的生活很快地也已經過了五、六年了。

之所以我現在能過得如此自由隨性，全都是拜低成本生活所賜。如果生活開銷大，需要金錢來維持，我也不可能在三十幾歲時辭掉工作，嘗試這種收入不穩定的生活。

這一點讓我深刻體會到，低成本生活的好處就是可以毫無顧忌地嘗試自己想做的事情。

我想跟大家聊聊我現在的生活，雖然它不是什麼值得分享的東西，也絕對不足以拿來自誇。

每天早上天一亮，我就會自動醒來，展開一整天的活動。

簡單梳洗完之後，我會做點肌力訓練，稍微活絡一下筋骨。接下來會打掃家裡，洗衣服，做早餐。忙完這些家事之後，我會依照當天的身體狀況和心情、天氣、季節，決定當天的工作。

大部分的工作都會在傍晚左右大致告一段落，不太會有事情沒做完的情況發生。到了晚上，我會進入休息模式，有時候看看書，睏了就倒頭就睡。

以現階段來說，我最主要的工作就是當個YouTuber，其餘的空閒時間就用來休息、看書、散步或是逛美術館，偶爾關心一下手上股票的狀況。

以前有一段時間我常在國內四處旅行，不過這幾年的生活模式大為改變，現在幾乎都是待在家裡，很少出遠門了。

大人常常一不小心就用世俗的常規來約束自己，但是現在我深深體會到，我們不應該用「非得要～」或是「必須要～」來強迫自己，只要順從當下的心情，天氣好就去散步曬曬太陽，下雨就看看書……照著自己微小的願望去生活，這樣才叫做「喜歡的事情」，不是嗎？

以下是我某個月大致的生活開銷：

房租：約5萬日圓
水電瓦斯費、通訊費：約8600日圓
伙食費：約3900日圓
社交娛樂費：約2800日圓
治裝費、日用品費：0日圓
→合計約6萬5300日圓

詳細內容後續會再說明，不過大致上包含房租在內，一個月開銷大約是7萬日圓。

錢花在什麼地方差不多都是固定的，以平日的伙食費占最大宗。房租和通訊費的部分，若不是因為工作上需要錄音，應該可以再壓得更低。不過大致上來說，無壓生活每個月需要的基本開銷，差不多就是這些了。

當然，我也不是一開始就過著這種低成本的生活。這個數字是我經過大約17年的獨居生活，一步一步慢慢地不斷調整，最後才達到的成果。

在摸索出現在這種生活方式之前，我也曾經有過一段徬徨的日子，我把那段時期稱之為「吉普賽生活時期」。

當時一個月的平均支出大概如下：

房租：約6萬日圓

水電瓦斯費、通訊費：約1萬5000日圓

伙食費：約2萬日圓

社交娛樂費：約3萬日圓

治裝費、日用品費：5000日圓

不明支出：3～5萬日圓

→合計約16～18萬日圓

雖然最後的總金額才是重點，不過在當時的開銷當中，老是會出現一些不知道究竟花到哪裡的「不明支出」。

當時我的花錢習慣是這樣的。

首先，為了要融入職場、拉近跟同事之間的距離，買衣服時我都會挑選「符合該職場形象」的服裝。

除了衣服之外，花得最凶的就是餐費和飲料之類的社交費了。

送禮的餅乾零食，午餐當然也算，此外展現合群，下了班後也經常會跟同事一起去聚餐。

有時候看到同事或是主管喜歡的東西，也會買來當禮物送給對方。

這種日子久了之後，錢賺得再多也留不住，完全陷入「生活過得很節儉，但是一毛錢也存不到」的悲慘狀態……

「只要努力，生活就會變好」的信念

以前的我，堅信努力一定能得到回報，只要找到一份穩定的工作，全力以赴去做，生活就不必為錢煩惱。

然而，現實並沒有我想得那麼簡單。我拚命工作，存款卻幾乎紋風不動，換來的只有不斷增加的疲累，讓人十分不解。

就拿花錢「犒賞」辛苦工作的自己來說好了，相信大家都會這麼做吧。

但是，如果動不動就「犒賞」自己，一不小心存款就會見底。若是打從一開始就不隨便「犒賞」自己，也就不會產生不必要的犒賞支出。

曾經有一段時期，我的收入雖然很高，可是卻犧牲了自己的休息時間，龐大的壓力讓我身心俱疲，好不容易累積的存款，最後只能全部拿去支付上醫院的交通費和治療費。

也有一陣子收入不多，相對地擁有充足的個人時間，閒到不曉得該做什麼，結果就很容易把錢花在一些不必要的休閒活動上。

當時的我完全沒有意識到，比起收入的多寡，真正重要的其實是手邊花剩的錢。

我以為「工作賺錢就是這麼一回事」，所以一直告訴自己存不了錢也「無可奈何」，完全沒有想到要回過頭來檢視自己的工作方式。

我把這種心理狀態稱為「只要努力，生活就會變好」的信念。

一旦信教之後，在收入增加的同時，生活支出也會跟著不斷增加，在某種意義上來說，等於陷入「低收入」的狀態，非常可怕。

當這種狀態變成一種常態之後，人也會變得無法察覺自己的辛苦。

為了避免成為真正的「低收入者」，最重要的就是要客觀檢視自己「實際的金錢流向」。

即時雨下得再多，若是沒有能夠儲水的地方，這些雨也留不住，只會不停流失。

不是一股腦兒地拚命工作賺錢就行了，還必須懂得如何把賺到的錢牢牢地留在身邊才行。

低成本生活就是透過整頓金錢流向的過程，把背負在身上的「非得要～」的沉重枷鎖一一卸下，讓自己回歸「滿足於真實自我的狀態」。

低成本生活還有另外一個很重要的觀念是：不勉強自己。

當初讓我從「只要努力，生活就會變好」的迷思中清醒過來的契機，就是我開始對「人本來就應該要上班」、「應該要成為組織中的一分子」的觀念產生質疑。

確實，上班族的收入比較穩定，可是也有適不適合的問題。

我一直到很晚才發現，真要說的話，我就是那種不適合當上班族的人。

持續做不適合的事情，到最後就會變成勉強，於是就要花更多錢來彌補自己。

我自從開始過著低成本的簡單生活之後，包括工作時間、地點、內容等，全部都由我自己決定，不受任何限制，相當自由。

我對自己和生活再也不會感到不安或是不滿足，不必要的花費也跟著大幅減少了。

想用什麼方式、過著什麼樣的生活，是每個人的自由。

不管別人說什麼，你才是自己人生的主宰者。

因此沒有必要勉強自己去配合任何人。

對於「人生只是活著，錢就會不斷減少」的不安

生活在現在這個資訊爆炸的時代，光是要保有自我價值觀已經很難了，再加上經常會受到周遭意見的影響，讓人更難保有「自我」。

在「吉普賽生活時期」，有一段時間我也曾因為對生活感到不安而一直換工作。每換一個工作，就得從頭開始適應新環境，薪水如果有跟著成長就算了，偏偏很多工作的收入都造成我經濟上的衝擊，我記得那是這輩子生活最拮据的時候。

我也想過「既然這樣，乾脆一直待在同一家公司，不要換工作好了」，只要謹慎挑選工作就行了，可是待業期間看著存款愈來愈少，心裡逐漸萌生不安↓焦急之下，總之先找一家肯錄用自己的公司再說↓無法適應新環境，做沒多久就離職↓沒有工

作，沒有收入，不安的心情再度浮現……等到回過神來，自己已經陷於這種惡性循環中無法自拔了。

不只如此，自己也在不知不覺間對這種拮据的生活感到習以為常，甚至忘了拮据的感覺，最後才發現自己早已遠遠偏離了心目中的理想生活。

換作是現在，我應該可以停下腳步告訴自己：「先別急，冷靜下來！」可是當時的我只要一想到「沒有工作」、「沒有收入」、「沒有存款」，不安的感覺就會占據整個腦袋，根本沒有辦法冷靜下來想辦法改善狀況。

由此可見對金錢的不安，會讓人迷失自我，困入迷途中。

看起來帥氣的人們

一旦勉強自己做不適合的事情，就需要花錢來慰勞痛苦的自己。

我從過去的經驗中得到一個領悟，如果每天認真工作，卻什麼事情都做不好，很多時候是因為那個工作本來就不適合自己。

我這輩子活得最偏離自我的時期，是在東京南青山某家公司上班的時候。

一開始我還因為能在時尚的區域上班感到興奮不已，可是現實情況不用想也知道，昂貴的物價讓我光是每天的午餐費就一個頭兩個大，生活開始變得拮据。

那時候我身邊的人有住在港區、生活奢侈的社長夫婦，全身穿著設計師品牌服裝的前輩，就連公司的客戶也都是穿著打扮彷彿時尚流行代言人的大型廣告公司業務員。

在那樣的環境下，讓我開始以為這些看起來帥氣的人們就是社會人該有的樣子，漸漸地我對自己愈來愈沒有信心。

我開始覺得：「對這些人的品味無法適應的我，是不是很奇怪？」

除了工作上的壓力以外，這種無法融入的感覺，也成了我心裡的一大負擔。

在學校和公司這種小團體待久了，會讓人產生一種錯覺，以為自己所處的環境就是這個世界的標準。

令人擔心「如果跟大家用不一樣的東西會被排擠」、「如果每天穿一樣的衣服，背地裡不曉得會被說什麼閒話」……

不只是小團體，還有來自整個社會的各種「應該要～」的強加價值觀，像是「20歲的女性就應該要是這種感覺」、「身為一個大人就應該有這些東西」等。

在學生時代和剛踏入社會的時候，我還保有所謂的「自我價值觀」。可是，在整個社會各種族繁不及備載的價值觀衝擊和影響之下，很明顯地比起自己的標準，更多時候自己花錢是為了配合他人或環境。

若是用手機來比喻那段時期的我，感覺就像是手機本身有64GB的容量，可是所下載的「不適合的環境規則」＝「群體基本常識應用程式」，就占了30GB。

所以儲存空間很快就滿了，導致操作變得卡卡的，有時候甚至還會當機……這些諸如此類的情況，當然也造成電池的續航力變差。

下載這種占用大量容量、不必要的「群體基本常識應用程式」，會帶來各種不便。

包括每天必須一一刪除快取資料，有時候就連想要保留的資料，也必須含淚刪除。

這種時候，最簡單的方法就是「用錢和時間來解決」，像是購買雲端硬碟來保存資料，或是隨身攜帶行動電源等。

但是，現在我認為，與其透過這些方法勉強維持已經不堪使用的手機，最根本的解決辦法應該是換一台新手機，或是將占用手機容量的應用程式刪除才對。

我想，正因為當時我一心只想著要緊抓著那個不適合自己的團體，完全沒有刪除應用程式、「離開群體」的念頭，所以才會漸漸偏離自己原本的生活。

當人身處在不適合自己的環境中，就必須花錢來彌補不適合的部分。

因此，低成本生活的技巧之一，就是「不勉強自己待在不適合的環境」。

只要不再為了配合他人或是周遭的環境而花錢，我相信很多人就能過著低成本的生活。

港區生活並不是世界的標準，還有其他不一樣的世界存在，或者應該說，其他世界顯然才是真正的多數。

現在的我打從心底認為，身處在這個寬闊的世界，與其勉強自己去適應不適合的環境，不如轉身繼續去尋找一個可以不必勉強就能自在呼吸的地方，生活才會更快樂。

軟弱又不帥氣的自己

我覺得，如果對「現在的自己」還算滿意，就不會隨便花錢犒賞自己，造成不必要的支出。

這就像如果吃飽了、滿足了，自然就不會想再吃其他東西。

相反的，若是對現在的自己不是很滿意，就會看不見自己做得好的地方，滿腦子只想著「我得再做點什麼才行！」「我得再更努力才行！」。我以前就有這種深刻的經驗。

即便已經做得很好了，卻還是沒辦法肯定自己，反而對自己更加嚴苛。

而且，無論付出多少努力都覺得「還不夠」。

這種心態會導致職場人際問題的煩惱愈來愈多，在工作上過於拚命，付出和收入不成正比，把自己逼得又累又痛苦。

放假想要好好休息，心裡卻又放不下工作，沒辦法澈底放鬆……相信大家應該都有這種經驗。

金錢和生活的關係可以說是：收入穩定↓生活安定↓心理上的安全感。簡單來說就是「穩定的收入能帶來安定的生活」。不過，我認為反過來的可能性也很大：內心的不安全感↓生活不安定↓收入不穩定。也就是說，「內心的不安會導致生活不安定」。

我常在想，「充分活出自我」的感覺，也許也是影響生活面貌的一大要素。

現代人可以隨心所欲地選擇各種工作和居住環境，網路上也有愈來愈多不同樣貌的生活方式，像是二地居（譯註：在兩處工作並且生活）、半退休、車宿、極簡生活等。不只是生活，也有愈來愈多人開始思考自己想要的生活方式。

有一件事我一直謹記在心，也還在學習當中。

那就是「凡事都要先以手邊現有的為前提去進行」。

下定決心想要改善生活的時候，大家也許會開始想要補足自己缺少的部分，或是一股勁地想向外尋求答案。可是，我認為這時候最重要的，應該是先接受「自己已經擁有的東西」，以及「現在的自己已經很棒了」。

比起盲目追求不存在的理想，應該先接受現在的自己。

這種想法就像個「救生圈」，讓背負各種「善意」而不斷往下沉的自己能夠浮在水面上呼吸。

我在這方面有許多挫敗的經驗，幾乎能自詡為「失敗專家」，所以請容我花一點力氣來為大家說明。

以前我為了接受自己，很努力地挖掘自己不足的地方，試圖想要彌補。

後來，我學會放鬆對待自己，就算沒辦法完全愛上自己也沒關係，重要的是接受「自己雖然有所不足，不過事情做得還不錯，也還算認真」。從此之後，我不再亂花錢和浪費，少了許多不必要的支出，工作上也不會再因為衝過頭而搞得自己身心俱疲，不管面對任何事情，我都不會再勉強自己了。

有了這些改變之後，我開始能夠比較清楚地瞭解「哪些事情不用勉強自己也可以做得很好」、「自己適合做哪些事情」，對於「自己想要過的生活」也慢慢有了清楚的輪廓。

盡快放下「只要~就能~」的幻想，耐心地慢慢體會「這樣的自己也不錯」，愛上軟弱又不帥氣的自己，這樣事情反而會比較順利。

假設你最好的朋友覺得自己很沒用，心情沮喪。這時候你會怎麼安慰他呢？此刻你想到的答案，就是用來安慰自己最好的方式。

與其拚命追求理想的自己，我決定改變想法，告訴自己：「現在的我也還滿不錯的」。這股轉念讓我得到了救贖。

就像洗好的衣服在陽光下逐漸乾爽，個性中常讓我們不知該如何是好的「陰鬱的部分」，也會隨著時間慢慢蒸發消失。

對於過去軟弱的我來說，這句「現在的我也還滿不錯的」，也許就是我的太陽吧。

在接下來的內容中，我會告訴大家如何慢慢達到「靠自己喜歡上自己的狀態」。「慢慢地」是很重要的關鍵。

下一章我會先具體地跟大家分享我從過去到現在嘗試過的各種方法和失敗，這些不只是低成本生活的技巧，也是回歸真實自我的方法。

請大家放下戰戰兢兢、「非得要～」的心態，用「自己現在就這樣很好了，不過也許可以得到讓生活更美好的靈感」的心情來閱讀接下來的內容。

就用像是外出散步吹吹風的心情，來重新檢視、調整自己和生活吧。我自己也是一直用這種心情在過生活。

Column

「跟著太陽運作」的生活

想要降低生活成本，比起節約意識，我認為更重要的是日常生活方式。與其時時刻刻想著要省電，不如早上早一點起床，不僅能節省電費，降低生活成本，還有其他更多的好處。

我一天的行程大概是這個樣子：

5:30 ◆ 起床
6:00 ◇ 梳洗，肌力訓練
7:00 ◇ 看書
8:30 ◇ 打掃，洗衣服，準備早餐
9:00 ◇ 早餐
10:00 ◇ 錄影／工作
12:00 ◇ 午餐，休息，午睡
13:00 ◇ 看書、思考
15:00 ◇ 散步、購物等
17:00 ◇ 準備晚餐
18:00 ◇ 晚餐
19:00 ◇ 看書、思考
21:00 ◆ 就寢

以上是春天到秋天白天比較長的版本。
白天較短的「冬季模式」會更簡略，各位可以比較看看。

- 7:00 ◆ 起床
- 7:30 ◇ 梳洗，肌力訓練
- 8:00 ◇ 早餐
- 8:30 ◇ 看書、思考
- 9:00 ◇ 打掃
- 10:00 ◇ 錄影／工作
- 12:00 ◇ 午餐
- 13:00 ◇ 看書，日光浴
- 16:00 ◇ 散步、購物等
- 17:00 ◇ 吃點心
- 17:30 ◇ 看書、思考
- 18:00 ◇ 準備隔天的早餐
- 19:00 ◆ 就寢

冬天因為天氣冷，白天又短，所以自然而然就變成這樣。

我的生活幾乎是跟隨著太陽的運行而走，早上太陽出來，天氣變暖，人就自然醒來。白天隨著溫度上升，精神也會愈來愈好。

到了下午太陽下山，天氣變冷，所以早早就躲進被窩裡取暖，不知不覺就這樣睡著……

當春天的腳步愈來愈近，我的起床時間也會跟著漸漸提早，晚上變得愈來愈晚睡。等到年末秋末冬初的時候，生活型態則又會轉換成冬季模式。

人體的生理時鐘很奇妙，就算不是刻意，也會隨著季節和天氣、溫度自動調整起床和睡覺的時間，以及活動力等。

夏天是我精力最旺盛的時節，活動時間長，冬天幾乎都在睡覺，要不就是曬著日光浴打盹兒。我順應著身體最舒服的狀態，生活自然而然就變成「跟著太陽運作」。

我常在想，世上有一兩個這種過得跟昆蟲和動物一樣的人類，似乎也不錯。違反自然運作的生活，只會更花錢。

我順應自然運作，夏天用夏天的方式生活，冬天用冬天的方式生活。漸漸地，我的情緒起伏和生理時鐘達到平衡穩定的狀態，能夠自在地跟自己和大自然和平共處。

我想，生活中不必刻意抗拒的部分，不妨就讓它隨著自然運作而行。今天我也是這樣度過的。

第 1 章

金錢的整頓

因為不瞭解，所以感到不安

要實現自在愜意的生活，到底需要準備多少錢？

要確保足夠的存款，又需要工作到什麼地步呢？對這些具體金額如果沒有明確的掌握，只會對生活和金錢感到不安。

如果用公式來表現這種「不確定的狀態」，大概會是以下這個樣子：

1個月的平均生活費？萬日圓×12個月＝1年需要？萬日圓

如果金錢和生活上不明確的部分一直是「？」，不安的心情會只會愈來愈膨脹。也就是說，不明確的狀態會讓人感到擔憂和不安。

相反的，如果對於「實際生活費」和「理想生活費」有明確的掌握，不安就會減少，知道「自己該做什麼」。

只不過，不能一下子就把焦點放在理想生活上，應該先掌握自己目前實際的支出情況，這一點很重要。

（例如：實際生活費）1個月平均生活費12萬元×12個月＝1年需要144萬日圓

（例如：理想生活費）1個月平均生活費10萬日圓×12個月＝1年需要120萬日圓

對於「實際生活費」和「理想生活費」之間的差距有了大概的瞭解之後，就會清楚知道理想和現實的差距有多大，例如一個月要減少2萬日圓的支出，一年就是24萬……

接下來只要根據這個金額去調整收入和支出就行了！這就是我想出來的方法，我現在也是用這種方式在生活。

從整體的角度去找出最自在的方式，無論是工作還是生活。大概就是這個意思吧。

一直以來我都是想到哪裡就住哪裡，從熱鬧的市區到群山環繞的鄉下地方，我幾乎都住過了。我發現這些地方雖然房租有高有低，但是整體的生活費（以我單身的情況來說）差距並不大。

舉例來說，鄉下地方雖然房租便宜，但是多了一筆花在車子上的費用（包括停車費、車檢費、油錢等）；伙食費和日常用品的費用雖然不多，但是參與地方活動的社交費卻成了必要的支出。

不管住在哪裡，只要對於該地區的最低限度生活費有清楚的掌握，就不會再覺得換工作或是搬家很困難，變成一個行動力強的人。

相反的，要是無視於自己的生活方式並不適合當下的居住環境，硬是不做改變的話，生活就會多出很多不必要的支出和物品。

喜歡一直住在同一個地方倒也無妨，不過隨著時間改變，不只是感到自在的事情和喜歡的東西，對於工作和興趣，以及相對應的生活用品和住所等的想法，其實都會默默改變。

我現在的生活維持在最低限度的生活費和生活用品，這也是因為我一直隨著每個階段不同想法的改變，不斷地去調整適合當下的生活用品和居住環境。

我想，如果能夠住在符合自己當下狀態的環境和住所，不只心情上會比較自在輕鬆，就花費來說，也能用較低的成本維持生活。

低成本生活的實際生活花費

以下是我現在某個月的生活花費（以10萬為單位四捨五入）

〈固定支出〉

房租：5萬日圓

水電瓦斯費：水費1500日圓，電費、瓦斯費1700日圓

通訊費：5400日圓

〈變動支出〉

伙食費：3900日圓

社交娛樂費：2800日圓

治裝、日用品費：0日圓

→合計6萬5300日圓

接下來讓我們針對每一個項目進一步分析。

首先是花費最多的房租。擁有舒適的居住環境非常重要，所以我通常不會刻意在房租的部分做過多的刪減。

在水電瓦斯費的部分，一般家庭常見的冰箱、冷氣、微波爐等家電，我家幾乎都沒有，所以電費可以壓得很低。另外，我也會仔細比較各家電力公司和瓦斯公司的方案，善用各家公司所提供的用戶轉換優惠方案來降低費用。

通訊費以Wi-Fi的支出占最大宗，雖然覺得費用有點高，不過當初由於某些原因，在顧不得那麼多的情況下就直接簽下「綁約○年」的合約，以至於現在完全沒辦法更改，實在有點後悔。

伙食費主要是平常在超市購買蔬菜、蛋、水果的費用，至於一些基本食材像是米、味噌、小魚乾之類的乾貨等，用的都是繳納故鄉稅之後收到的土產回禮，所以不包含在這裡面。

社交娛樂費大部分是花在上咖啡廳，這是為了工作和放鬆，以及出門感受社會動態所需的必要支出。另外，雖然機會不多，不過像是跟朋友聚餐之類的支出，也會算在社交娛樂費裡。

至於治裝費，例子中的這個月沒有花到錢。有時候我也會更換手邊的舊衣服，不過由於挑選衣服對我來說實在太累了，所以機會並不多。買貼身衣物和襪子的時候，才會產生治裝費。關於我平常到底都穿些什麼樣的衣服，挑選衣服的原則又是什麼，在第2章會有詳細的介紹。

這個月也沒有日用品的支出。日常消耗品（衛生紙、肥皂、垃圾袋、文具等）我通常都是一次買足半年左右的分量，每次大約都是2600日圓，換算下來一個月大約只要400日圓。隨著季節不同，有時候也會出現「購買蔬菜苗」或是「夏天廚房果蠅防治費」之類的瑣碎支出。

把生活費先預留起來，而不是儲蓄金

說到省錢或是存錢，一定會聽到一種建議作法是，每個月先從收入中把預計要儲蓄的錢拿起來，也就是所謂的「預留儲蓄金」。但是，這種作法並不適用於我的生活。

因為我認為，如果有餘力每個月存一定的金額，預留儲蓄金反而是多此一舉。

根據我自己嘗試過的各種儲蓄方法，我發現預留儲蓄金有以下幾個問題。

首先第一點是，這種作法會造成生活水準因為收入的增減時好時壞。

以前面提過的「吉普賽生活時期」來說，每當換工作等原因而收入增加的時候，我的生活水準也會跟著變高。

這是因為每個月的儲蓄金額不變（預留儲蓄金），所以當收入增加時，可運用的生活費就會變多。

好處是可以做的事情變多了，可以買的東西也變多了。可是，萬一因為某些因素導致收入減少，可以做的事情又會跟著變少。

如果收入可以一直不斷增加，當然就沒有這個問題，不過對一個上班族來說，這似乎是不太可能。

我實在厭倦了這種因為收入增減而導致心情起起伏伏的生活。

第二點是，手頭變寬裕的同時，花錢也變得更容易了。

像是加班費這種臨時增加的收入，處理起來其實很麻煩。

假設規定自己「將收入的20％作為預留儲蓄金」，可是每次光是要計算「當月收入×20％」，就要花非常多時間和精力。

當然也可以規定自己把臨時多出來的收入全部存起來！只不過現實通常不會是這樣……

以前還是上班族的時候，每個月多出來的錢都會被我當成「犒賞自己的辛勞」理所當然地花掉，例如上班之前買杯咖啡來提神，休息放鬆的時候買點小酒、小點心，或是加班累到沒有力氣，就到餐廳吃頓好料慰勞自己。多出來的加班費，就這樣全部花掉了，等到最後想要檢視「原本的生活費」時，卻因為這些「排解日常壓力的支出」，導致無法瞭解真正的支出狀況。

因此我得到一個結論，有辦法每個月儲蓄到一定金額的人，應該都是先把固定的生活費預留起來，這麼一來才有辦法快速存到錢。

於是，最後我歸納出來的方法，就是「先將生活費預留起來」，剩餘的錢全部當作儲蓄存起來。

自從我改變策略，採用這種「預留生活費」的作法之後，存錢的速度變快了，生活上也少了許多不必要的支出。

不僅如此，這種作法也幫助我跳脫了「為了追求更好的生活，必須（無止境地）一直上班賺錢」的觀念。

當你能夠自己事先決定每個月的基本生活費用之後，對於沒有壓力的自在生活所需的生活費用，就會有明確的掌握。

這麼做的另一個好處是，只要生活費變動不大，就能清楚知道自己每個月大概要賺多少錢才夠用。

自己決定每個月要花多少錢，做好支出管理，在可用範圍內過生活。

比起一直煩惱不知道該存多少錢，這種事先給自己設下範圍的生活方式輕鬆多了，而且沒有壓力，對心理健康來說也是件好事。

甚至更神奇的是，你會開始思考「是不是可以再少花一點」。

我自己就是因為改用這種預留生活費的方式，才一步步慢慢找到更精簡、更適合自己的低成本生活。

接下來就跟大家介紹實際上我是怎麼管理我的生活費。

「對自己而言」的固定支出與變動支出

為了清楚掌握「固定支出」和「變動支出」的金額，以及支付的便利性，我把平常的支付方式簡單分成以下兩種。

對我來說，支出管理是為了針對日常生活中支出頻率較高的項目進行管控，同時瞭解自己最低限度的生活費用，因此只要能夠做到這兩點就夠了。

- 房租等「無法自行調整金額」的剛性支出
  ↓從銀行帳戶扣款
- 伙食費等「可自己調整金額」的柔性支出
  ↓用手邊的現金支付

在「可自行調整金額」的支出當中，最值得拿出來重新檢視的就是社交費。

很多人會把社交費視為不可侵犯，認為這是一筆「少不了的必要支出」而選擇漠視。事實上，社交費可以分成「無法自行調整」的部分，像是公司聚餐等，以及「可自行調整」的支出，例如和朋友一起喝咖啡等。

判別的訣竅在於，你可以根據對象和當下的情況來思考這筆費用是「自願想出」，還是「不太想出」。

也就是把社交費的評估，轉換成人際關係的評估。

聽起來或許很無情，不過就算交際應酬再怎麼重要，自己也就一個人，加上時間也有限，不可能全部奉陪。

既然如此，不如從一開始就不要勉強自己，以自己能夠自在應對的範圍和深度去建立人際關係，這樣才能跟重要的人共度有意義的時光。

如果為了交際應酬而耗費自己和生活費，然後又不得不透過娛樂來補償自己被消耗的部分，這實在是本末倒置。

就跟財務管理一樣，人際關係最好也要控制在自己可以完全掌控的範圍內。這是我透過檢視生活費領悟出來的道理。

自己現在日常生活中的花費，真的全部都是必要的嗎？

想要確認這一點，整頓自己的日常生活當然也很重要，不過我認為首先應該要做的，其實是檢視自己平常的支出。

我現在的生活讓我感受到，如果生活費可以盡量壓低，就算環境或收入遭遇變動，生活也不至於會受到太大的影響。

比起為了顧及收支平衡而不得不減少支出，不如出於自願主動去做，這樣才能發揮出最大的效益。

我的支出管理流程

這一節要介紹的是我每個月管理支出的作法，我把這套流程稱為「結算作業」。步驟大致如下：

STEP 0　收集支出紀錄……保留每一筆支出的發票和收據

STEP 1　結算作業……透過發票和收據檢視當月支出狀況，並且決定下個月的

生活費預算

同步作業1……重新評估是否更換電力或瓦斯公司

同步作業2……記錄儲蓄簿

STEP 2　財務分配……將STEP 1所決定的生活費預算分配到各個帳戶

▼STEP 1　結算作業

步驟①：將STEP 0收集到的一個月分的發票和收據，依照不同支出項目（伙食費、咖啡錢等）做分類，計算出各個項目的支出總額，輸入到Excel表格中。

步驟②：檢視發票和收據的內容，看看有沒有什麼東西花了太多錢。

步驟③：參考發票和收據結算出來的金額，抓出下個月的支出目標金額和預算（例如下個月的咖啡錢要控制在1000日圓以內）。

其中步驟②尤其重要，一旦發現花太多錢在某樣東西上，就要思考「以後能不能少買一點？」「一次大量採買會不會比較省錢？」「有沒有其他可替代的東西？」，把接下來的採買計畫也一併想好。

在步驟③的階段，最重要的是要參考發票和收據，具體決定下個月的預算。在設定支出目標金額的時候，最好不要以實際的支出金額來作為標準。

步驟③設定好的目標，要花一點小工夫來時時提醒自己。我都會把它寫在便條紙上，貼在每天看得到的地方。

便條紙上除了目標金額以外，我還會寫下一些令人期待的事項，例如「這個月會收到兩張股東優惠券」，讓為目標努力的痛苦心情能夠稍微獲得緩和。

想要控制支出，或者像是「下個月預計會花到比較多錢」的時候，也可以事先在結算的時候做好預算安排，這樣每個月的支出就不會漫無計畫，也會感覺比較好掌控狀況。

▼STEP 1　同步作業1：重新評估是否更換電力或瓦斯公司

電力、瓦斯、手機等合約方案的重新評估是一件麻煩而容易被忽略的事情，所以我大多是利用每個月結算的時候進行。

月底是檢視當月水電瓦斯支出的最佳時機，可以先瞭解各家公司的方案內容，必要的話先做好更換合約的決定，避免到時候懶得去辦手續，一拖再拖。

▼STEP 1 同步作業2：記錄儲蓄簿

利用「儲蓄簿」來記錄每個月的存款和投資金額的變化，也能有助於降低支出。

一想到要忍住不亂花錢，就會讓人感覺提不起勁。這時候如果有儲蓄簿讓自己明確知道「存了這麼多錢了！」「存到錢了！」，心情上也會受到激勵，變得比較積極。

我也嘗試用過好幾種記帳app，可是最後都因為用不習慣放棄了。可能我本來就是個很少接觸科技產品的人吧，使用app記帳的話，很多東西都會自動代入，操作也變得很簡化（這是當然的……），總覺得過程變得很無趣，沒辦法享受到記帳的樂趣，所以我現在反而都用Excel表格來記帳。

以上就是我每個月月底都會做的結算作業。

要做的事情其實非常多，包括仔細檢視發票和收據、設定下個月的預算、決定要做和不要做的事情等。

由於這需要非常大的專注力，所以我都是趁著頭腦最清楚的「月底的早上來做」，把它當成每個月的例行公事。

▼STEP 2　財務分配

接下來終於要進入分配生活費和儲蓄金的階段了。

這裡要登場的就是「預留生活費」的方法。

步驟①：決定身邊要留多少生活費，把錢存入帳戶中。

步驟②：將剩餘的收入分別存到「帳戶1」和「帳戶2」。

步驟①留下來的錢，基本上我都是透過ATM來提領現金。

這裡的重點在於，每個月只能利用ATM領款一次，而且不要多領。

以前我會為了「以備不時之需」，領得比需要的金額再稍微多一些，結果每次都花光光（笑）。

根據我的經驗，「不時之需」的發生機率只有一成不到，但是把錢花掉的機率高達九成以上。

最重要的應該是平時就要做好各種安排，避免發生「不時之需」。這也是我養成不多領錢的習慣之後領悟到的心得。

從ATM領出來的錢，通常我會再多一道程序，把它儲值到IC卡之後再拿來花。因為「現金→卡片支付」的方式對我來說，最不容易把錢花掉。

儲值卡依照用途不同，主要分為「交通IC卡」（主要用來支付交通費）和「超市的儲值卡」（主要用來支付食材和日用品的費用）兩種。

接下來步驟②是從剩餘的收入，把房租和水電瓦斯費等固定支出存到「帳戶1」，剩下的就全部當成儲蓄和投資，放入「帳戶2」裡。

關於這個部分，為了避免產生手續費和增加麻煩，當初在挑選銀行和決定存錢方式的時候，我也是不斷嘗試和失敗，最後才找到適合的銀行和方法。

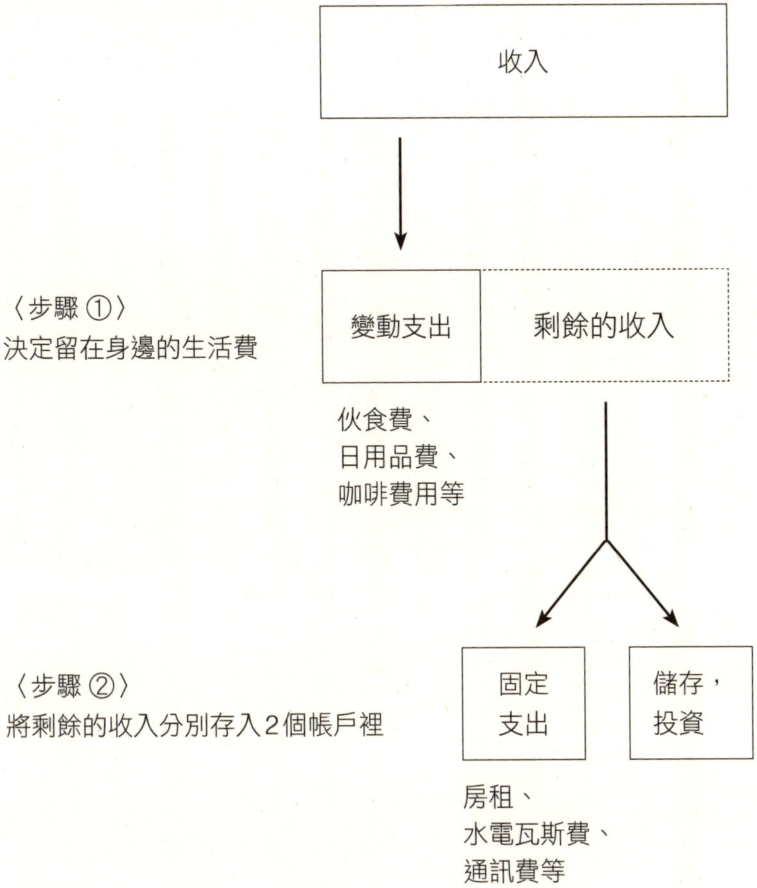
收入
〈步驟①〉
決定留在身邊的生活費
變動支出
剩餘的收入
伙食費、
日用品費、
咖啡費用等
〈步驟②〉
將剩餘的收入分別存入2個帳戶裡
固定
支出
儲存，
投資
房租、
水電瓦斯費、
通訊費等

以上就是我的管理生活費的整個流程。

經過這兩、三年的調整，我認為現在的流程是最完美的狀態。

先以自己目前的生活支出為基準去仔細評估和思考，就能找出一套包含工作模式和儲蓄、投資方法在內，最適合自己的方法。而不是毫無依據地憑空想像「自己一個月的生活費最低需要多少錢」，隨意灌水。

如果總是毫無克制地隨意亂花錢，就算有再多錢也不夠用。

但是也不能一直嚴格限制自己不花錢，那樣生活就太痛苦了。所以，先給自己設定範圍，例如「一個月的生活費是十萬日圓」，把這筆錢預留起來，這樣在心情上自然就會比較安心，不會擔心花太多或是不夠用。

我不再過分追求滿足感，也不會再用收入來決定自己的價值，或是追求物質上的滿足，所以現在我不論是心情、工作模式還是生活，面對所有事物都能更遊刃有餘。

不要再要求自己「每個月存〇〇日圓」，而是規定自己「每個月用〇〇日圓生活」。只要做到這一點，就能輕鬆存到錢。

自從採用這種「預留生活費」的方法之後，我已經很少透過手機和網路購物了，面對各種琳瑯滿目的商品和服務，也能告訴自己「這些跟我都沒有關係」，清楚跟誘惑畫下界線。

瞭解自己真正的需求之後，其他事物自然就很難再引起興趣。

我所追求的並不是「有存款的生活」，而是「能夠放心、自在過日子的生活」。靠著這種生活費不隨著收入變動的「預留生活費」的方法，讓我在心理層面也好，經濟層面也好，很多事情上都變得更得心應手了。

以前我以為「自由」就是可以任意花錢，不過現在對我來說，把錢花在真正需要的地方，才叫做自由。

另外，如果方法不適合自己就趕緊放棄，找出適合自己的作法，才能讓支出管理變得更輕鬆。

這是我從預留儲蓄金的方法得到的心得。我把預留儲蓄金的作法當中不適合自己的部分做了調整，改成適合自己的方法。

就像大家常說的：「需要為發明之母」。

不必強迫自己跟大家用一樣的方法，只要能找到適合自己的儲蓄方法，那就是最容易存到錢的捷徑。

前半個月不花錢，後半個月盡情揮霍

「前半個月不花錢，後半個月盡情揮霍」這種跟花錢時機有關的方法，給了我一個很深刻的體會，就是只要能夠忍住不亂花錢，存錢的速度就會變快。

一開始嘗試這種作法的時候，我便感受到它驚人的效果，原來只要大概給自己一個花錢的時機，就能減少許多浪費，而且讓花錢變成更讓人期待。

因為我原本以為存錢是一件只有忍耐和克制的事情。

「前半個月不花錢，後半個月盡情揮霍」的方法指的是，把前半個月的支出控制在只買基本所需的食材等東西，等到後半個月就能把預算花在想花的地方（盡情揮霍）。除此之外沒有其他複雜的規定。

這個方法並不是我想出來的，而是以前我從某個網路報導中看到的方法。

由於方法很簡單，做起來毫無難度，嘗試之後發現，完全不必克制自己，就能輕鬆存到錢。

我每個月花錢的方式大概如下：

第1週：把重心擺在工作、打掃整理家裡，基本上都是靠家裡現有的東西來生活。

第2週：靠家裡現有的東西來生活，同時開始規劃接下來的後半個月要把錢花在什麼地方。

第3週：開始把錢花在想花的地方。

第4週：想買什麼就買什麼！

▼第1週

重心擺在工作和打掃家裡，生活主要靠家裡的備品。

好處是把該做的事情全部做完，家裡也變得乾淨整潔。

加上伙食費花得不多，家裡的收納空間也空出來了，讓人心情不由得跟著變好，並且愛上這種感覺。

有時候也會感受到原來自己經常因為衝動和習慣而亂花錢。

像是不自覺地上咖啡店，或者是家裡明明還有東西可以吃，卻還是花錢去買。

若是對這些都毫無自覺，繼續每天亂花錢，就算想存錢也存不了。

但是，如果事先規定自己「第1週盡量不花錢」，想花錢的時候，腦袋就會浮現這個規定，便能輕鬆克制自己不要亂花錢。

▼第2週

第2週是慢慢開始規劃期待已久的花錢計畫和提前準備的日子。

設立這個時期的好處是，不僅會更慎重地看待花錢這件事，也會認真思考什麼是「自己真正想做的事情」。

不是要一直過著克制欲望的生活，而是當有「需要」、「想要」的東西時，就要想辦法尋找便宜入手的方法，或是其他的替代作法，例如等到特價再買、不買新品也沒關係、用家裡既有的稍微加工一下來使用等。

舉例來說，假設想要一件新衣服。

這時候要先克制自己做一些以「購買」為前提的行動，像是四處比價等。在買新衣服之前，可以先想想手邊既有的衣服能不能再利用。

例如用「夏天 白襯衫 穿搭」等關鍵字上網搜尋，以手邊既有的衣服去尋找穿搭範例，說不定就能找到全新的穿搭風格，有時候欲望會就這樣消失不見。

▼第3週

第3週是把第2週仔細思考得到的「想做的事情」付諸實行的階段。

這時候很重要的一點是，不要因為「終於可以花錢了！」就大肆揮霍，應該先買優先順序較高的東西。

所謂優先順序較高的東西，例如「現在就需要用到的東西」、「一旦缺少會造成生活困擾的東西」等。

優先順序較低的東西則像是「沒有立即需求的東西」，或是「家裡已經有的東西」等。

至於一些優先順序較低，可是感興趣的東西，可以先透過不花錢的方式逐步進行。舉例來說，如果是衣服，可以先「去店裡試穿」、「確認布料喜不喜歡」等。

「試穿後發現根本不適合自己……」「實際看到衣服才發現跟想像的差太多……」這些都是常有的事。

像是衣服、鞋子，還有一些會拿在手上使用的東西等，基本上我都會到實體店舖親自看過、試用過之後才買。

很多時候原本計畫好要去買東西，結果到店裡才發現東西已經賣完了。這種時候我會告訴自己「應該是沒有緣分吧」。

因為很多時候比起再到其他店家找，這麼做反而能得到更好的結果。

我有好幾次就是因為這樣，結果很幸運地完全沒有花到自己的錢，就得到類似的東西。看來如果買不到想要的東西，不如乾脆放棄還比較好。

事實上，很多東西雖然「想要」、「覺得必要」，可是實際買了之後，或是冷靜思考過後會發現，其實不買也沒差。

大家可以嘗試我在前面內容中介紹的幾個方法，也許能讓你變得沒有那麼「想要」。

▼第4週

終於等到可以大肆揮霍的日子了！

雖然說可以揮霍，但並不是「從這裡到這裡全部給我包起來」那種花錢不手軟或是爆買的意思（笑）！而是讓原本克制住不買的心情暫時解放，做一些平時忍住不做的「小確幸」。

舉例來說，像是買一些感興趣的洗髮和護髮的樣品來試用，或是去一直想去的咖啡店喝咖啡，或是到星巴克享受一杯完全客製化的飲料等。

至於我揮霍的方式，通常都是「把需要的東西一次全部買齊」，或者是「逛美術館」等。

我發現這些事情如果平常就在做，也許會覺得「沒什麼」，可是把它放到揮霍階段當成特別的事情來做，開心的程度會大不相同。

這跟花多少錢沒有關係，只要改變做的頻率和時間點，獲得的滿足感就會大增。

我認為自己之所以能夠從這些「日常生活中的小事情」獲得滿足，原因之一是因我一直把「身體養分」和「心靈養分」分開來思考。

舉例來說，我在做支出管理的時候，通常會把「伙食費」和「咖啡費用」分開來看待。

以前我會把喝咖啡的支出算在伙食費裡頭，可是我發現，如果想吃什麼就吃什麼，外食的樂趣反而會減少，吃飯變成一件麻煩的事情，到最後幾乎每餐都只吃麵包和咖啡。

於是，後來我把「令人期待的外食」的支出跟自己下廚的支出分開記錄，這樣不只省到錢，身體狀況也變好了，心情上也感覺更充實。

大部分的人都會把便當之類的費用跟嗜好品的支出全部當成「伙食費」，不過我的建議是，如果有某樣東西是經常性的支出，不妨把它獨立成一個支出項目來觀察，就像我的「咖啡費用」一樣。

這麼一來，說不定會發現這部分的支出正好適合可以大肆揮霍的第4週。

「前半個月不花錢，後半個月盡情揮霍」的作法讓我最滿意的一點，就是花錢對我來說變成一件快樂的事情。

大家都以為「花錢能實現想做的事情」，不過很明顯的，這當中其實還包含了許多「非自願性的花費」。

藉由把這些「優先順序較低」的消費挑出來，讓花錢變得更開心，這就是「前半個月不花錢，後半個月盡情揮霍」的作法非常重要的一點。

另一個讓我很滿意的部分是，在前半個月不花錢的階段，我可以專心在該做的事情上。

我最近開始有這種感覺，很多時候亂花錢其實是因為想暫時逃避當下「該做的事情」，尋求放鬆。

這種情況如果經常發生，後續就會衍生出各種後果，包括增加許多不必要的浪費、該做的事情一再拖延等。

所以，我現在的作法是把一整個月的時間和金錢的運用劃分得更清楚，上半個月先專心該做的事情，中旬之後再開始慢慢增加花錢的機會，像是出門採門、享受期待已久的咖啡時光等。

這種方法不僅讓我守住了支出預算，而且也充分享受到花錢的樂趣，真的很不錯。

說到節約、省錢、儲蓄，大家想到的都是「忍耐」和「克制」的痛苦，不過，實際上我發現這當中明顯也包含了許多「不必要的行為」，像是遇到特賣會就忍不住買了不需要的東西，或是午餐吃得節儉，結果卻跑去超商買點心等。

我原本自認為是個平常不會亂買東西、亂花錢的人，可是當我給自己明確訂下「前半個月不花錢」的規定之後，才發現原來自己平常在不知不覺中花了那麼多錢。

「我用汗水辛苦換來的錢，就這樣不知不覺地消失在霧裡……」像這樣稍微遭受到一點打擊，也會讓自己更積極地調整行為。

自以為的花錢方式，跟實際情況通常都有很大的落差。

光靠記帳和支出筆記，很難控制花錢的速度。就這一點來說，這個方法可以用輕鬆且簡單的方式調整花錢的速度，而且容易持之以恆，這也是它的優點之一。

以前我也都是先把儲蓄金預留起來，可是我發現就算這麼做，平常還是很難省到錢。但是，「前半個月不花錢，後半個月盡情揮霍」的作法是把重點擺在平常的生活上，儲蓄只是輔助，這也是改善生活和花錢方法的訣竅。

與其一直想著要存錢、追著錢跑，不如減少「不知不覺中發生的不必要的支出」，生活也會比較充實。

很多事情如果沒有實際去做，很快就會忘記。明白這個道理之後，就能更客觀地規勸自己「又在亂花錢」的行為，而不是認為花錢應該「忍耐」。

前半個月不亂花錢，後半個月盡情揮霍。

靠著這個方法，我現在的生活和花錢的方式都獲得了很大的改善，因此強力推薦給大家，絕得值得你也一起試試看，反正試試看也不用花錢……

減少花錢機會的小工具

▼支出筆記

作法：每次花錢都把「日期」、「買了什麼東西」、「金額」記錄下來。

例：「2月13日／麵包／150日圓」。只要能清楚知道「今天買什麼東西花了多少錢」就行了。

訣竅：不要相信自己的記憶。

我發現，與其每一次買東西都要斤斤計較花了多少錢，更簡單的方法是減少花錢的日子，這麼一來也能減少浪費。

也就是說，只要增加「不花錢的日子」就行了。要做到這一點，就必須做支出紀錄。

記憶這種東西，真的一點都不可靠，有時候以為「今天沒有花到錢」，事實上卻不是如此……這種情況我到現在都還會發生。

舉例來說，雖然記得自己沒有買東西，可是卻忘了路過咖啡店時跑進去喝了杯咖啡稍作休息……人的記憶就像這樣，時間一久就會完全忘記自己花了哪些錢。

為了避免這種「事實」與「記憶」的落差，我每次只要花錢，就會當場拿出支出筆記寫下自己花了多少錢，這樣一來哪幾天沒有花到錢（＝筆記上支出為0的日子）就會一目瞭然。

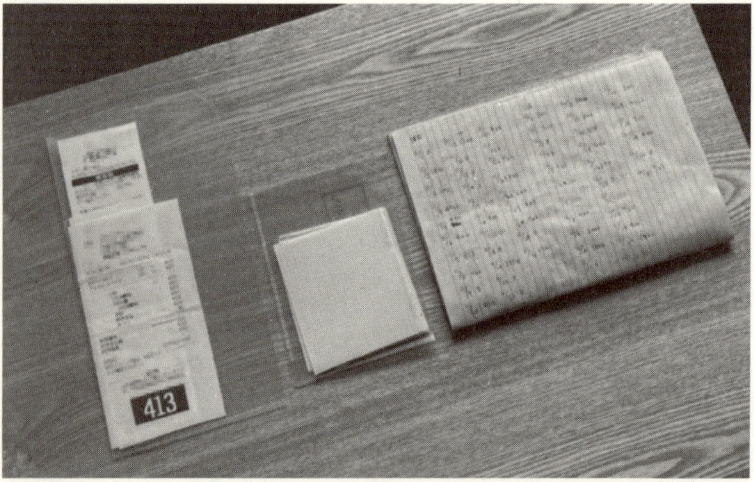

▶ 由右至左分別是支出筆記、購物筆記、收納發票和收據的資料夾。把發票和收據全部留下來，等到月底結算的時候就派得上用場。我會把A4透明資料夾裁成跟這些東西的尺寸一樣的大小，更方便收納。

▼**購物筆記**

作法：把想買的東西的「購買場所」和「物品名稱」寫下來。

例：「UNIQLO 襪子」。若是還沒找到購買場所，也可以只寫下「物品名稱」。

訣竅：過一段時間之後再拿出來重新評估。

購物筆記的目的是為了減少「買東西的次數」。

它跟支出筆記的差異在於，記錄下來之後必須「反覆拿出來重新評估」。乍聽之下，購物筆記和一般常見的「購物清單」很像，但是購物筆記的使用重點其實是等到過一段時間之後，再回過來重新評估要不要花錢。

這時候，有些東西會忘了當初自己為什麼想要，有些東西可以用其他來代替，根本不需要特地購買。

沒有必要購買的東西，就能從購物筆記中刪除，最後剩下來的，就是經過評估之後確定真正需要的東西。

支出筆記也好，購物筆記也好，都不是什麼特別新奇的省錢工具，可是效果不容小覷！

如果少了這兩樣工具，我想我的生活開銷一定跟現在差很多。

投資的好處

這兩、三年，我深刻感受到「投資」為我的生活添增了許多樂趣。

一直到好幾年前，我只會把錢「保管」在一般的銀行帳戶裡，當成「緊急備用金」。可是存到後來發現帳戶裡的錢幾乎紋風不動，完全沒有增加，這才開始強迫自己考慮投資。

雖然說是為了保障生活，不過我存下來的那些少到可憐的存款，其實大部分都是為了作為「緊急備用金」，其中9成的錢根本連用途都還不曉得。

如果比喻成隨身用品，就是「不知道自己當初為什麼要買，買了之後也沒用過」的意思。

雖然現在想想覺得實在太浪費，不過也於事無補。所以，我下定決心強迫自己除了儲蓄之外，一定要投資。

一開始我採取的並不是那種「我要賺錢！我要增加財富！」的積極投資，而是選擇當時比較盛行的方式，也就是把銀行帳戶裡的錢轉移到積立NISA（定期定額投資）等投資信託，當作是「為自己存年金」。

我參考部落格和網路文章挑選適合的證券銀行，以手續費較低的網路證券開戶方式辦了證券帳戶……這些我都還能輕鬆勝任，可是等到要真的要選擇標的開始投資，很快地我就遇到困難了。

也許是因為對沒有接觸過的事情感到害怕，擔心自己懂得不多，又或者是當時的資訊不如現在發達，我完全不知道該怎麼做。

自己一個人想破頭也沒有用，於是我決定尋求專業的協助。我用「FP○○（居住地）」的關鍵字上網搜尋，參加了一場由獨立財務顧問自己舉辦的免費理財講座。

經過個別諮商，原本苦惱我已久的問題，像是「我該從手邊的資金當中拿多少出來投資？」等，很快就得到解答。

接下來只要每個月固定把錢拿去投資信託就行了。這種投資方法雖然相對穩定踏實，不過我從以前就一直想找個能夠長期投入的事情來當作新的興趣，再加上我也在思考，身邊的錢除了儲蓄和存年金之外，是不是還有其他更好的用途。所以，最後我決定嘗試從以前就一直很感興趣的股票。

每次聽到身邊的朋友因為持有或是買賣股票獲利，我都會心動，可是又總覺得自己不太適合這種投資方式，所以一直沒有勇氣嘗試。現在想想其實有點後悔，當初其實可以少額嘗試看看。

一開始我先買了兩、三支股價10萬日圓以下的股票，漸漸地我深刻感受到自己的想法和生活有了轉變。

「談到錢就免了，謝謝」、「我不懂股票」……這些的確都是社會上普遍存在的氛圍，跟節約方法不同，你很難跟別人討論投資和股票的樂趣。

我相信一定有很多人覺得投資和股票跟自己沒有關係，但是對我來說，這些就跟節約一樣，已經變成我生活的一部分。

金錢和物品一旦給出去，就屬於他人的東西。但是情報不一樣，情報可以跟大家一起無限地共有。

因此可以想像得到，比起自己一個人投資賺錢，大家的生活一起變好，一定會更快樂。

投資可以幫助我們瞭解金錢的用途不只是為自己而花，還能學習到各種經濟知識，並且瞭解自己花錢的習慣。這就是我喜歡投資的原因。

投資也好，節約也好，只要感興趣，都可以去嘗試看看，也許會讓你發現一個超乎想像的全新世界。

為了要有本錢買股票，我開始把「買股票」當成生活的優先目標。這也讓我重新體認到存錢固然重要，但是更重要的是要回過頭來檢視自己花錢的方式。

如果當初我只會盲目地減少生活開銷，肯定沒辦法澈底做好支出管理。

我之所以能夠成功，關鍵在於我有比存錢更重要、更想要實現的目標。

我以前是個很容易隨著心情改變生活優先順序的人，例如「比起把錢存起來，我更想拿去旅行」等。後來多虧了有買股票這個「壓力強大」的目標，讓我花錢的態度變得更謹慎，不會再隨便亂花錢。

「終於買到股票了！」「雖然很少，可是終於獲利了！」，我的生活因為這些成就感澈底改變，也開始懂得事情的輕重緩急和優先順序。這些全都是投資帶來的效果。

我現在都是透過iDeCo和NISA兩種投資方式來進行指數化投資，藉此分散風險。另一方面，我也會在自己的能力範圍內，少量分次購買以日本為主的高股息股票，以及有提供股東優惠的股票。

因為買了這些股票，所以才會收到優惠禮品手冊和配息。

一開始我的本金只有大約20萬日圓，目標也只是想賺點米錢。如今這個目標已經達成，繼續朝著「希望可以用股東優惠喝免費的咖啡」和「希望趕緊拿到現金股利」的目標努力。

我挑選投資標的的方法很簡單，就是根據可獲得的優惠內容、配息金額、股價相對便宜三點來挑選。

另外，由於我的目的是做中長期投資，所以也會特別挑選一些可以長期持股的標的。

在這過程中我也瞭解到，「自己有沒有辦法承受長期持股的壓力？」「投資風險是否在自己可承受的範圍內？」也是挑選標的時非常重要的考量。

除了優惠和配息等具體的好處之外，我也喜歡把生活中的事物跟股票的情況做連結，例如「那是現在最流行的服務」、「那是我常用的網站」等。

該說是感覺自己的生活和股價變得息息相關嗎？這種經濟的領域和自己的生活相結合，雙方面都變得更有趣的感覺，讓我很滿意。

剛開始我也會因為手上股票的波動而影響到心情，不過現在已經可以用像觀察植物生長的心情一樣默默地持續關注，從容看待。

對現在的我來說，挑選股票標的就像是在園藝店和居家賣場思考著接下來要種什麼好呢？要買什麼種子和幼苗？要用什麼方法栽種？而手中的股票就像擺在家裡陽台上的植栽，為我帶來生活的樂趣。

雖然有時候沒有長出期待的花朵，甚至是完全枯萎，但是偶爾也會出乎意料地開花、結果，這些都成了我的生活中的喜悅。

用錢之前先用腦

「好想稍微轉換一下心情」，當出現這種念頭的時候，大部分的人都會先做什麼呢？

有的人會先Google，有的人會先出門再說，也有人是先計畫，看自己有多少預算，每個人的作法都不盡相同。

當「好想～」的念頭出現時，如果下一秒緊接著就想到「錢」，每個月的金錢調度一定會很辛苦……這是我從過去的經驗中得到的體認和學習。

舉例來說，想到什麼就立刻出門購買的人，跟會把家裡既有的東西拿來加以利用的人，兩者的存錢方式和生活能力等各方面，都會出現落差。這一點可想而知，而且事實上也確實是這樣沒錯。

如果能養成習慣，當「好想稍微轉換一下心情」的念頭出現時，先用手邊既有的東西來利用，代表你已經跨過門檻，進入低成本的生活型態了。

因為如果你認為「必須花錢才辦得到」，你就會花錢去做，增加支出。但是，如果你的觀念是「先從現在能做的做起」，那麼就算不花錢，事情也一樣能辦得到。

很多人之所以沒辦法減少浪費，真正的原因並不是因為「想要～」的欲望太強烈，而是已經習慣依賴手邊的錢來解決問題，懶得再動腦去思考其他方法。

錢雖然很方便，可是相對地錢也會讓人產生怠惰，就連一些稍微動腦想一下、動手做一下就能解決的問題，都會覺得「反正花錢就辦得到」。

很多「因為我想要，所以買了」、「因為我需要，所以買了」的情況，事實上都是「出於怠惰和轉換心情的購物行為」。只要在日常生活中能夠意識到這一點，就能慢慢養成習慣靠自己的能力解決問題，放棄對金錢的依賴，發展出低成本生活的基本能力。

「不花錢過生活」事實上就跟做肌力訓練一樣，只有偶爾想到才做是不夠的，必須每天一點一點持之以恆地去做，才有辦法確實養成好習慣。

除非是住在深山裡，否則以現在大部分人的生活來說，花錢已經是一件相當容易的事，只要花少少的錢，就能獲得快樂，解決不便。

不管怎麼想，「花錢解決」都還比較容易。

就算是這樣，但如果時時刻刻都想著要省錢，這樣的生活其實也很痛苦。所以，接下來我會介紹一些不花錢的小祕訣，大家只要把這些方法落實在生活中，就能輕鬆做到不花錢過生活。

▼0圓日

就如同字面上的意思，指一整天不花錢。

開始執行「0圓日」的作法之後，我才驚覺原來自己平常在不知不覺中花了很多錢。

在一般的日常生活中，花錢是很理所當然的事情。只不過，這個「理所當然」的舉動也是造成支出增加，手邊的錢快速減少的原因。

透過在0圓日規定自己「至少今天一整天都不要花錢」，就可以減少不必要的花費和行動，用適當的方式過完一整天。

實際上我也經常收到聽眾告訴我：「我抱著嘗試的心情去做，沒想到就在這一天把拖延已久的事情完成了」、「我靠著不花一毛錢得到了充實的一天」等。

我自己也有這種感覺，有時候會覺得花錢反而讓心情變得若有所失……

0圓日的執行有個小技巧，就是平時要養成習慣用「支出筆記」簡單記錄每天支出費用。

如果只是憑著模糊曖昧的記憶，例如「這個月應該有3天做到0圓日吧」（很多時候其實只有1天……），就會對自己太寬鬆、不夠嚴謹，一定要特別注意。

「支出筆記」幫助我在月底檢視支出的時候，更容易知道自己該怎麼做，例如「這個月達成了很多0圓日，看來也許這樣也可以過得很自在」，學會用少少的錢過充實的生活。

除此之外，也更清楚知道什麼時候該花錢，哪些才是自己真心想花錢的時候。

懂得享受花錢的樂趣之後，也明白了一個道理：與其說是「不能花錢」，應該是說不能花錢花得不清不楚。

▼0圓點子筆記

今天要做什麼好呢……這種時候，如果手邊有一本「0圓點子筆記」，就會非常方便，也就是收集了各種不用花錢就能獲得樂趣的筆記。

小時候只要可以出門玩就很開心，可是長大之後，出門動不動就會花錢，所以最好先想好「要出門做什麼」，才能避免亂花錢，減少浪費。

自從開始嘗試不花錢過生活之後，我的「點子筆記」內容也增加了不少，以下就為大家介紹幾個我手邊的點子當中，隨時都能做到的事情。

□不帶手機出門散步
□不帶錢逛街
□用廣告傳單和信封摺垃圾盒
□把廢紙或是不要的塑膠容器改造成收納道具
□用Google地圖把家裡附近想去的地方標出來
□整理衣服和鞋子
□用家裡的衣服搭配出新風格
□用平面設計網站Canva（https://www.canva.com）製作手機和筆電桌布

這些看起來很無趣，可是當你真的去做之後，說不定就會發現「沒錯，我需要的就是這些！」。

我也經常會有這種感覺，生活其實就是由這些平常容易被忽略的「小事情」組成。

大家也一起來收集「0圓點子」吧。

▼區分消費、浪費、投資

自從我把支出分為「消費，浪費，投資」之後，存款增加的速度就變快許多。

一般常見的省錢方法，都是教大家把手邊的發票和收據依照內容區分成消費、浪費和投資。不過，我認為更好的作法是比起花錢「之後」再區分支出，不如在生活中隨時提醒自己，花錢「之前」先想想自己接下來的行為是「消費，浪費，投資」中的哪一項。

舉例來說，在決定「買下這件衣服」、要結帳之前，先停下來想想：「這件衣服屬於『消費，浪費，投資』當中的哪一項？」

經過仔細思考之後會清楚知道，自己現在的行為到底是出於需要的「消費」，又或者其實家裡明明已經有衣服，卻還是想買新衣服的「浪費」行為。

「投資」的情況很少，大部分都是「消費」和「浪費」比較多。

養成這種習慣之後，後來我在買新衣服之前，有時候會想到「之前也有買過兩、三件類似的衣服，結果都不適合……」，於是作罷。

東西買了之後就很難再退錢，所以一旦錢花了，一切就太遲了。因此，一定要養成習慣，在花錢之前先思考自己的行為是「消費，浪費，投資」的哪一項，就算是在結帳的前一刻也好。

這麼一來也能減少「買了之後卻後悔，事後還得想辦法處理掉」等清理善後的情況發生。

除了「花錢之前先做區分」之外，在安排下個月的支出預算時，只要多加一個步驟，把預算簡單分成「消費額度○○日圓，浪費額度○○日圓，剩餘的全部拿去投資」，花錢的習慣就能獲得大幅的改善。

錢的用途非常多。

這個方法可以幫助自己從客觀的角度去檢視自己的花錢行為當中，「消費，浪費，投資」哪一項占最多。

▼幻想筆記

「幻想筆記」指的是把像是「買了○○之後我就可以～」等大腦裡的想像畫面，用更具體、詳細的方式寫下來，並且進一步認真思考。

用買衣服來比喻就會很好懂。假設有一件想買的衣服，這時候就可以在幻想筆記中寫下這件衣服可以怎麼穿搭、除此之外還有沒有其他的穿法等。用文字或是畫圖都可以，要盡可能詳細地寫。

這個方法可以幫助自己認清事實，例如寫完之後發現「這件衣服只有一種穿法，而且只能穿一個季節」，這時候就會馬上恢復冷靜，欲望不必克制便自動熄滅。

如果寫完之後還是很想買，當然可以真的去買，不過根據我的經驗，大多數時候只要把想像寫出來之後，心裡就能得到莫名的滿足。

每次在寫「幻想筆記」的時候，我都會想起小時候也會在塗鴉簿上畫下自己幻想的東西，例如「想要的衣服和鞋子」等。

長大之後，想要什麼通常就會直接花錢買，不過，我覺得像這樣描繪「自己心中的完美幻想」的時候，其實才是最開心的。

「幻想筆記」除了能減少不必要的浪費之外，也能喚醒盡情發揮想像的快樂。

我整理了很多有效的節約方法，這些全都是坊間省錢術或存錢術的介紹中常見的方法。

只不過，實際上會真的去付諸實行的人，也許根本不多。

為了善用收集到的情報，平時就要培養凡事「先試了再說」的習慣。這也是低成本生活的技巧之一。

在嘗試這麼多不同方法的過程中，我得到一個領悟：「只要能夠好好控制自己的衝動，就能輕輕鬆鬆、不費力氣地減少浪費。」

大家常說，做任何事情最重要的就是計畫，而大多數跟金錢有關的煩惱，也許就是因為沒有事先計畫好自己該怎麼做。因此，對於坊間流傳的各種省錢方法和支出管理方法，都應該要盡可能地去嘗試，從中找到「跟自己的衝動和平相處」的答案。

以上介紹的這些方法，都不需要花到任何一毛錢，大家可以放心去嘗試。

試過之後如果覺得不適合，或是太無趣，大可以放棄也沒關係。

就算放棄，也要當作是「多了一個經驗」。就用這種心態大膽地去提升自己的經驗值吧。

打造不需要金錢的環境

在思考金錢問題的時候，一定不能忘記「環境對人的影響」。之所以會這麼說是因為，我從過去住在包括都市和鄉下等各種地方的經驗中發現，有些環境很明顯地幾乎不會花到錢。

我原本以為不管是浪費還是儲蓄的習慣，關鍵都在自己身上，可是事實上人會受到環境很大的影響，而環境似乎也有「金錢的存在感強烈」和「金錢的存在感薄弱」的區分。

比起工作和收入，環境的繁榮程度和物價高低等「花錢的機會」，才是決定支出多寡的關鍵因素。

舉例來說，離家最近的超商大約需要十分鐘的車程（金錢的存在感薄弱），跟住家公寓樓下就有超商（金錢的存在感強烈），兩者每個月在超商的支出金額就會完全截然不同。這麼說大家應該就懂了吧。

曾經讓我光是身處在其中就「忍不住想花錢」的環境，有以下兩個：

1. 在家裡步行範圍內就有購物中心，裡頭有各種服飾店、百圓商店、居家用品店等店家。離家最近的超市東西價格偏高。家裡附近有多家超商，還有好幾個車站。

2. 外出全靠開車的鄉下地方，出門大多是為了到購物中心採買，或是到餐廳用餐。平常習慣在網路上亂逛，所以經常網路購物。

前者是過於便利，花錢跟呼吸一樣理所當然的都市特有環境。常見的單身都市生活就是如此。

總是拿工作忙碌當藉口不停亂花錢，例如習慣在超商買麵包和咖啡當早餐，逛居家用品店時會忍不住買一些季節性的小東西等，告訴自己「反正只是小錢，沒差」。

後者則是鄉下地方常見的生活模式，說到轉換心情，要不就是開車到最近的、可以放鬆心情的購物中心，要不就是在家上網。

以前住在這種地方的時候，我也常在購物中心和網路上買一些便宜的衣服，花了很多沒必要花的錢。

可能當時還年輕吧，住在什麼都沒有的地方，自然會莫名地想為生活帶來多一點刺激。

以上這兩種環境雖然看似完全相反，事實上出乎意料地有不少共通點。

第一個共通點是「到商店很方便」（包括上網）。

舉例來說，就算沒有特別想要買什麼東西，外出散步時還是會習慣順便到超商或是其他店家逛逛，不知不覺就會買一些便宜的小東西，像是零食、百圓商品、特價服飾等。

這些小錢日積月累下來，會變成相當可觀的浪費。

另一個共通點是容易讓人動不動就出門。

假設出門不管是走路、開車還是搭電車都很方便，那麼原本可以乖乖待在家裡，如今就會變得動不動就出門。

這麼一來當然會衍生出交通費和油錢，而且經常出門也會增加許多零碎的支出，例如喝咖啡、外食、買東西等。

說走就走當然很好，可是如果伴隨著支出，手邊的錢將會以驚人的速度迅速消失……

其中最可怕的一點是，當自己隨心所欲亂花錢的時候，會認為這是「給自己帶來快樂的必要支出」，完全不覺得是「浪費」。

這些都是生活中常見的花錢行為，並不是花大錢，所以當初我身處在這種環境的時候，一直都覺得「自己沒有亂花錢，只會買必要的東西」。雖然每個月收到信用卡帳單都會很緊張，但是完全沒有想過要重新檢視自己花錢的習慣。

經過數不清的這種「錢在不知不覺中花掉！」的錯誤經驗，我才漸漸體會到「有些事情可以藉著挑選居住環境來改善」。

一般來說，隨著「生活經驗」的累積，會更希望能夠住在生活便利的地方。但是，過於便利的環境其實就像一把雙面刀。

低成本生活非常重要的一點，就是一定要避免住在離車站近，或是便利的地方。

我花了很多時間在尋找不花錢的自在生活所需要具備的條件，以下就是我自己整理出來的重點。

- 一個能讓自己自在生活的環境
- 遠離車站
- 附近有一、兩家便利的超市
- 可以散步其中，獲得心靈上的平靜

全部一一列出來太多了，不過其中最重要的是「一個能讓自己自在生活的環境」。以前我在挑選住家的時候，都會先把確定不適合自己的選擇排除在外，但是如果問我「喜不喜歡」自己後來的選擇，其實答案是否定的。

一直以來我都是以「房租便宜」、「離車站近」、「屋齡年輕」、「離工作地點近」等房子本身的優點來決定要住在哪裡，從來沒有想過「什麼才是自己能住得舒服、自在的環境」。

這也難怪，因為大多時候我都是以通勤方便為優先考量。

現在再回過頭來想想，以前住在「金錢的存在感強烈的環境」的時候，根本就不喜歡自己住的地方和環境，所以不知不覺中產生了許多抱怨的心情。

根據我自己的分析，那時候為了排解心裡漸漸累積的不滿，於是變得更加揮霍，經常不自覺地亂花錢……

但是相反的，如果因為太想要省錢而住在陽光照不進來、通風不好，就連窗戶看出去也完全沒有景色，充滿壓迫感的環境，即便房租再便宜，還是會覺得令人窒息，沒辦法靜下心來好好待在家裡。這麼一來反而會讓人一直往外跑，藉由花錢來換取心中的平衡。這種經驗我也有過。

後來，我搬離了這種「金錢的存在感強烈的環境」，因為我決定不再漠視「不太喜歡現在的房子」的心情。我開始就房子與其他建物之間的棟距、周邊的噪音程度、跟鄰居之間的關係等條件，重新思考「什麼環境不適合自己」、「哪些是一定想要避開的條件」，再以此為條件，挑選「自己能夠住得舒服、自在的環境」。

每當對居住環境累積了一定程度的厭惡和不滿，想換個地方住的時候，我就會把「喜歡的環境條件」，也就是「之前的房子讓我覺得很滿意的部分」加入挑選條件當中，就這樣慢慢地學會用更精準的方式挑選喜歡的房子。

先把討厭的部分刪除，接著再加入喜歡、覺得滿意的條件。這兩階段的過濾非常重要。

在瞭解「什麼是自己能夠住得舒服、自在的環境」之後，我又經過了好幾次的調整，包括區域、樓層等，最後才對「自己喜歡的居住環境」有了明確的掌握。從這時候開始，我才慢慢朝著不亂花錢的充實生活邁進。

選擇住家也許就跟選擇工作和東西一樣。

如果討厭現在的工作，就必須找出討厭的原因是什麼、怎麼解決才能擺脫現狀。舉例來說，「跟上司處不來↓自己想跟什麼樣的上司一起做事？」「討厭經常加班↓可以接受多久時間的加班？」。像這樣進一步去分析思考，對於理想職場的描繪會愈來愈清楚明確。

再以挑選東西來說，如果對自己現在的東西不是很滿意，不要只是在心裡不停地抱怨，應該想想具體而言是哪些地方讓自己不滿意，這樣才有辦法找到符合自己條件的東西，例如「不喜歡它的設計↓自己喜歡什麼樣的設計？」「東西不好用↓哪些情況和使用方式讓自己覺得不好用？」等。

在把自己的「厭惡和抱怨」從黑色變成白色之後，最後我歸納出自己喜歡的居住環境是「採光通風好，不會太吵，接近大自然，窗外可以看到風景」。

房子的採光好，陽光就照得進來，屋子裡既明亮又溫暖舒適，幾乎不需要暖氣設備。

通風好的話，到了梅雨季節也不會潮濕，夏天涼爽舒適。再加上如果有陽台，洗衣服就非常方便，甚至不需要用到洗衣機和脫水機。安靜的環境會心情靜下來；被大自然圍繞的環境，可以從窗外的風景欣賞到季節遞移的美。

有了這些設定之後，挑選房子的條件範圍自然會縮小，例如採光通風好＝有兩面以上窗戶的格局，而且沒有被其他建物擋住；不會太吵＝遠離車站和大馬路；接近大自然＝遠離都市。

低成本生活不單純只是省錢生活，如果沒有一個自己住得舒適自在的居住環境，低成本生活便無法成立。

因為低成本生活最重要的關鍵，就是即便什麼事情都不做，也能過得自在開心。

▶ 窗外的大樹每到春天和冬天，就能看到成群野鳥駐足在枝頭。夏天有清爽的綠葉，秋天是火紅的紅葉……還能欣賞到不同季節的美。

這麼說起來，感覺好像沒有什麼特別值得分享的，享受在工作、購物或是休閒娛樂當中的時候，也許會意外地忽略了「喜歡」、「舒適」的感覺。

生活環境只要舒服自在，就算不花太多錢，也能過得很踏實。這是我繞了好大一圈的遠路之後，才終於領悟到的道理。

光是只會省錢，沒有辦法擁有充實心靈的生活。

重視自己的感覺對居住生活來說，也是非常重要的一點。這也是我最深刻的體認。

找出工作、興趣、日常的平衡

人一整天的工作時間真的很長。

雖然我現在大部分的時間什麼事情都不用做，可是對以前的我來說，生活就是每天上班、工作。

在以前還是上班族，每天工作八小時的時候，有一天我突然意識到：在我的人生當中，跟公司同事和上司一起共處的時間竟然那麼長！這讓我十分震驚。

比起跟家人和朋友，我更常和職場上的人在一起……

一想到工作時間這麼長，我意識到比起興趣，自己更應該認真思考「要用什麼方式與工作共處」，於是我強迫自己回過頭來檢視自己的工作方式，這一點成了把我推向現在這種生活方式的一大轉折點。

上班族和自由業這兩種工作方式我都經歷過，各自給了我不同的感想。

自由業由於沒有一個被工作綁住的明確時間，看似非常自由，可是我自己一直有一種「不斷被迫工作」的感覺，工作也不像一般的公司一樣能定期接到案子，因此一定會有忙的時候跟閒到發慌的時候。

另一方面，上班族雖然被工作綁住的時間很長，可是跟自由業比起來，實際上自己真正在做事情的時間非常少，感覺都是在混時間。

再加上必須和上司及同事保持密切的人際關係，所以感覺多了很多「無名的工作」。

大家經常會把上班族和自由業放在一起比較，但是我認為如果先撇開保障不談，真正的重點並不在於是不是被雇用，而是「自己的個性」和「工作方式」的契合度，這才是考慮要過什麼樣的生活時應該要思考的問題。

我也嘗試過各種不同的工作方式，從這過程中我瞭解到，以產能和效率為第一優先的工作方式，最容易讓我感到厭煩和疲累。

每天持續做著以效率和成果為優先的工作，總會讓我感到身心俱疲。相反地，如果我把大部分的時間拿來泡澡、下廚、睡覺、打掃等確實回歸自己的生活，那種被工作榨乾的疲憊感，很明顯地會消失不見。

說到放鬆工作壓力，大家最常想到的就是從事興趣。只不過，以前我一直把工作和興趣當成分開的兩件事情來看待，所以沒有辦法用「遠離工作」的心情來從事興趣，也就做不到兩者兼顧。

後來，我試著在「工作」和「興趣」之外，把更多的重心擺在日復一日的「日常生活」上，於是工作和興趣不再是對立的兩件事，終於順利地將日常生活連接在一起。

下廚，擦窗戶，擦地板，悠閒地泡澡……當我專注在生活中的每一件事情時，都會有一種「活著」的感覺，一點也不誇張。

偶爾我也會「以工作為第一優先」，這種時候，對生活上的其他事情就會容易感到煩躁，甚至會想盡辦法逃避做家事，因為我認為「有時間下廚的話，不如把那個時間拿來工作」。像是這種時候，通常都會因為過於投入工作而變得神經緊繃。

但是，完全把重心擺在「日常生活」上也不行。

二十幾歲的時候，當時很流行「好好生活」，那時的經驗給了一個我很深刻的體認：過度專注在日常生活上會讓人失去工作動力，讓「日常生活」變成逃避現實的出口。

這表示已經把工作和日常生活當成分開的兩件事情來看待，就跟把工作和興趣分開來看待一樣。

可是，有時候當自己把重心擺在「工作」和「興趣」其中之一，雖然會覺得「充滿自信」、「生活過得充實」，但是家裡卻變得雜亂無章，而且更會亂花錢。

不過現在我已經知道了，這種時候只要把重心回歸「日常生活」，家裡就能恢復整潔，心情回歸平靜，也不會再亂花錢了。

「工作」、「興趣」和「日常生活」的平衡沒有所謂的正確答案。

有的人喜歡喝黑咖啡，也有人喜歡加了許多砂糖的咖啡牛奶。有人喜歡用濃縮咖啡兌上溫熱的牛奶，還有人喜歡加了豆漿的美式咖啡。

大家都不是因為別人說這樣好喝，所以才喜歡，而是自然而然地選擇了自己覺得最好喝的喝法。

同樣的，也可以用這種方式來思考「工作」、「興趣」和「日常生活」之間的平衡拿捏。

如果以圖表的方式來呈現，我平常的作法大概就像下一頁的圖卡。

每一張圖卡單獨來看都會覺得很無趣，可是藉由搭配組合，就能發揮不錯的效果和效率。

舉例來說：

- 看完書之後打掃家裡（趁著打掃的時候可以回過頭來思考書中的內容）。
- 先午睡再寫作（比隨便休息更能專心）

〈工作〉	設計	企劃	寫作
〈興趣〉	股票	看書	喝咖啡
〈日常生活〉	下廚	打掃	午睡

↓

〈組合範例〉

看書 + 打掃	趁著打掃的時候可以回過頭來思考書中的內容
午睡 + 寫作	比隨便休息更能專心

・到咖啡店喝咖啡順便寫作（比在家裡更有靈感）

以前在公司上班的時候，我也常會做一些像是擦桌子、整理資料之類的事情，這能幫助我專注於工作，原本緊繃的神經也能稍微緩和下來。

「日常生活」中也有這種「跟產能沒有直接關係，可是做了有助於工作」的事情，例如喝杯咖啡或是吃些甜食，轉換一下心情。

說這是行為習慣也好，是生活習慣也好，總之這些一連串的「日常行為」不僅能穩定身心，也牢牢地撐住了我們的「日常生活」。

現在大家之所以還不太有「工作與生活平衡」的觀念，也許是因為很多時候，這麼做只會讓心理負擔變得更重，例如「工作再忙，也要好好煮一頓飯給自己吃」。

我的建議是，與其針對整個「人生」，不如縮小範圍，試著把每天在做的「日常行為」，當成生活要素之一來看待。

隨性散步，想午睡就午睡，這樣的生活很悠閒，不是嗎？

自從我在「工作」、「興趣」和「日常」之間找到適合自己的平衡之後，生活中不必要的支出變少了，收入也增加了，心靈也變得更充實，學會用少少的錢過生活。

為了幫助大家瞭解，所以我剛剛只簡單用了圖卡來說明，事實上三者之間的平衡相當微妙。

就像有的咖啡牛奶的比例是咖啡味道比較濃厚的「咖啡6：牛奶4」，有的是比較淡的「咖啡3：牛奶7」。

假設「現在想要把60％的重心擺在日常生活上，工作則是30％，興趣10％」，只要在自己能力範圍內去做調整就行了。

我相信在我們的生活當中，一定也存在著這種最適合當下的自己的「獨特平衡」。

不需要強迫自己「一輩子都用固定的平衡去生活」，就算平衡狀態改變了也沒關係。

「生活平衡」由自己決定

我常聽很多人說不想工作。

我覺得那一定是因為他「不想被迫工作」，而不是討厭工作本身。因為受到強迫，所以才會感到痛苦。

勉強自己做不想做的事情，會增加亂花錢的機會。工作的比例也好，興趣的比例也好，或者是想多放一點重心在生活上也好，這些本來就可以由自己來決定。但是，一旦覺得自己的這些權利在不知不覺間被剝奪，人就會跳脫不出當下所處的環境。

過去的經驗告訴我，如果能找到適合自己的生活方式，不管是面對「工作」、「興趣」還是「日常生活」，都會覺得「光是做這些事情就很開心」。

只要是自己想做的事情，都能像興趣一樣樂在其中。這是我從低成本生活中得到的體認。

當自己無法決定，而是由社會或是某個人擅自幫你決定，例如「你必須把90％的重心擺在工作上」，這時候就會給人被迫的感覺。這種被迫的痛苦會需要找地方發洩，於是變得亂花錢。

我再重申一遍，只要經由思考找到適合自己的生活方式，並且付諸實行，那些為錢煩惱、亂花錢等受金錢擺布的情形將不再發生，生活和金錢的煩惱也會大幅減少。

世界應該更自由、更寬廣才對，現在之所以不是如此，也許是因為你用了錯誤的方式看待它。

現在我仍然持續不斷地在嘗試「工作」、「興趣」、「日常生活」的各種可能組合，例如「下次用那張圖卡來搭配看看好了」、「拿到新的圖卡了！」。

因為圖卡的搭配組合是無限的。

Column

「想做的事情就一步一步去實現」活動

雖然知道去做就對了，可是卻無法下定決心，總覺得提不起勁。這種情形很常發生吧，當然也包括我自己，就算是現在，也有很多「明明知道該做」，卻還沒有去做的事情。

不過，比起以前更懶散的模樣，現在的我已經好太多了。

如果要說我做了什麼，那就是我稱之為「想做的事情就一步一步去實現」的活動。

在活動期間內，必須拋開「沒有時間」、「沒有錢」、「提不起勁」等所有顧慮，只要是感興趣的事情，全部都要去做！

一開始我先給自己三個月的時間嘗試。

給社會人士參加的社團欸，好像很有趣↓利用休假的時候打電話去詢問

慢跑啊，我做得到嗎？↓總之當天先稍微試跑看看

部落格嗎？要寫些什麼好呢？↓利用放長假的時候開個部落格

金錢管理啊……好像不能不做↓從自己現在做得到的部分開始嘗試

用類似這種方式，先踏出腳步再說，即使只是一小步。

開始實行「想做的事情就一步一步去實現」活動之後，我發現因為「好像很有趣，可是……」、「雖然很想去做，可是……」的想法而最後沒有付諸行動的事情，竟然有那麼多！

我這也才驚覺到，自己過去的生活之所以一成不變，「單純只是因為自己沒有去做而已」，並不是周遭環境或是事情本身的問題。

想做的事情如果光只會想，沒有去做，「雖然很感興趣……」「好像很有趣……」的念頭就會一直在腦袋裡揮之不去，讓人感覺煩躁。另一方面又因為遲遲沒有實際行動，所以即便感到煩躁，現實還是沒有改變，以結果來說相當划不來。

不只如此，猶豫得愈久，難度也會跟著無限上綱。

停止這種「揮之不去的猶豫」最好的辦法，就是「想做的事情就一步一步去實現」。多虧了這個活動，讓我養成「別想太多，先做再說」的習慣。

我欠缺的並不是技巧，而是「先做再說！」的行動力。自從發現這一點之後，我的行動力就有了大幅提升。

雖然後來很快地我就因為不適應而退出社會人士的社團，可是這個過程讓我發現，比起跟大家開心玩在一起，我更喜歡獨處。

另外，我也發現自己的身體並不適合慢跑，於是決定改做一些簡單的肌力訓練，再加上平常多走路就好。

至於部落格，現在已經成為我發送情報的管道之一，金錢管理則變成我現在生活的重要基礎。對我來說，兩者都是非常寶貴的學習。

在什麼都還不知道、沒有嘗試過的情況下，沒有人知道自己能不能做得好、適不適合。

這個活動給我最大的收穫，就是它讓我瞭解到自己只能不斷地一邊嘗試一邊慢慢調整，發現不適合就放棄，覺得開心就繼續做下去。

假使你也決定要實行「想做的事情就一步一步去實現」活動，你想嘗試什麼事情呢？

第 2 章

食衣住的整頓

不是減少，而是不要增加

說到「整頓食衣住和家裡的東西」，大部分的人想到的都是減少家裡不必要的東西。

「丟掉不必要的東西就能減輕生活負擔」，這樣的口號應該會讓很多人心動吧。但是，我認為與其「減少」東西，更應該澈底做到「不要增加」，如此食衣住才能達到最簡潔的狀態，連帶地身邊也會自然而然地只剩下真正必要的東西。

那麼，要怎樣才能做到「不要增加」呢？

答案就是東西不要急著買，「先拿現有的東西來用」。想要什麼東西的時候，先拿手邊已經有的東西來利用，等到真的非不得已必須花錢買的時候再買，也就是養成「至少先暫停購買欲望」的習慣。

現代社會隨時可以買到任何東西，雖然方便，可是另一方面，買得愈多、增加得愈多，家裡就堆積愈多不必要的東西，到最後還得整理、做支出管理。

這麼說聽起來好像很沒道理，不過我覺得，想要什麼東西就立刻花錢去買，其實就是一種「白費力氣，而且浪費金錢」的行為。

只不過，用說的很簡單，實際上做起來卻不是這麼容易。

「先拿現有的東西來用」到底該怎麼做呢？

接下來在這一章，我會針對如何看待生活中的食衣住及相關物品，跟大家分享我的經驗。

練習「不要想買就買」

要避免不必要的物品持續增加，其實有步驟可循。

「整頓物品的聰明方法」簡單來說有以下幾個步驟：

STEP 1　不再買新的東西

STEP 2　把確定不會再使用的東西處理掉

STEP 3　一步步整理平常會用到的東西

首先，最重要的第一步是下定決心「不再買新的東西」，接下來才是大刀闊斧地丟東西。

如果想要什麼就買什麼，只會亂花錢，增加家裡的東西，到最後不僅要花時間整理，口袋裡的錢也會愈來愈少。

不知道大家有沒有這種經驗，當初覺得需要才買的東西，卻一下子就變成用不到的廢物。

這恐怕是因為大多數的人都不是「買不起必要的東西」，而是掉進「明明沒有很需要這個東西，卻還是買了」的圈套。

我認為最好的方法就是：不要買。

現在的社會，買東西變得愈來愈簡單，而且愈來愈方便。

就算當下手邊沒有錢，只要有信用卡，或是利用先買後付的服務，就能延後付錢。

東西下訂之後，幾乎當天就能收到，如果人不在家，也還有宅配箱服務可以利用，不必再煩惱收件問題。

就算是在半夢半醒之間，也能買到東西。這種困難度之低的便利，實在非常可怕。

平常在網路上買東西，有時候一想到「只要按下這個按鈕，明天就能收到東西了嗎」，心裡都會覺得有點可怕。

不只是網路，就連實體店鋪也會推出許多提高顧客購買欲的服務，例如宅配到府、集點數活動、發送優惠券或是提供試用品等。

可以善用這些便利的服務當然很好，但是如果因此養成習慣「想買就買」，很可能家裡就會開始堆滿不必要的東西。

如果想要在花錢的關鍵時刻立即斬斷欲望，一定要養成「先拿現有的東西來用」的習慣。

假設以開車來比喻，交通規則規定「遇到平交道要先停下來」，只要把平交道換成「櫃檯」或「付錢」，我想應該就很容易瞭解了。

這個方法成功的祕訣，就是一步一步去嘗試，先從每週一次做起，只要做到「不要想買就買」，就算是成功，不需要極端地一下子就要求自己做到「完全不買」。

讓自己從「想買就買」，慢慢改變習慣變成「先拿現有的東西來用」。這時候，不但每個月的支出金額會減少，也不會再浪費時間做不必要的事情。

在時間和心靈上也會變得比較從容，能夠專心在自己想做的事情上，例如念書或是興趣等。

體驗到「不花錢的生活帶來的快樂」之後，就會更容易發現東西買太多的壞處，漸漸地習慣也會跟著改變。

「巨大改變」的代價最昂貴

每當家裡因為所謂的「亂花錢」和「浪費」多了很多東西的時候，我就會透過支出筆記去回想自己做了什麼，藉此找出亂花錢的原因。

沒有意外的話，大部分的原因通常都是為了排解「對現狀的不滿」。

也就是說，我常會因為沒來由的不滿而想做點什麼來發洩情緒這種莫名的理由亂花錢，並非是真的需要那樣東西。

不只是這樣，而且還會想花更多錢來追求更大的改變。

這也許是因為我發現花愈多錢，就能獲得更大的回報。

其實原本只要稍微改變擺放的位置，或是調整一下作法，就能用現有的東西過生活。

但是，一旦養成想買就買的習慣之後，想法就會陷入一種「想要改變現狀就必須花錢」的迷思，最後導致東西愈來愈多。

舉例來說，假設對現在住的房子不是很滿意，「想換個樣子」。

如果是我的話，會先仔細打掃一遍，稍微改變東西擺放的位置。這些都不需要花到任何一毛錢。

可是，假設我第一時間就決定用花錢的方式來改變家裡，這時候就需要花錢處理現有東西、花錢買新東西等，甚至有時候連該從哪裡著手都不曉得。

更換窗簾、抱枕之類的東西，也許能快速改變心情，不過可以想見一定很快又會心生不滿而「想要改變」。

原本以為花愈多錢可以消除不滿、不安的心情，結果實際上並不是這麼一回事。

愈是顯而易見的改變，當下雖然能改變心情，可是效果維持不久，很快就又會產生新的欲望，就這樣掉入惡性循環中。

「改變愈大，付出的代價也愈大」。建議大家不妨隨時謹記這個道理。

真正的渴望

「想要改變！」的念頭愈強烈，就更要冷靜下來。

日常生活中什麼時候會讓人「想要改變」呢？

根據我的經驗，通常都是「對現在的生活感到厭煩的時候」，或者是「工作或人際關係不順利的時候」。

假設人生有起有伏，確實人在低潮，尤其深深覺得自己掉入谷底的時候，發自內心「想要改變！」的念頭就會愈強烈。

只不過，這種「想要改變」的心情，處理起來非常棘手。

表面上看似改變愈大，心情會愈開心，但實際上不管「改變多少」，只要「真正的渴望」沒能實現，內心依舊無法獲得滿足。

就算把手邊的衣服全部丟掉，重新買新的，這些也都僅止於表面上的變化，還是沒有看見自己內心真正的渴望。

這種時候如果可以「先拿現有的東西來用」，給自己冷靜思考的時間，就能察覺真正的心情，例如「是喔，其實我根本不想要新衣服，只是想讓低落的心情能夠稍微恢復」。

如果是這樣的話，只要把手邊的衣服全部徹底清洗一遍，或是稍微改變衣服的搭配方式，說不定心情就會好多了。

要做到「用現有的東西生活」，其實必須先「對現狀感到滿足」。

「想要改變」的心情當然很重要，因為它可以改善現狀，甚至成為自我成長的助力。只不過，如果沒有深入去思考自己的「真正渴望」，只是用買衣服這種表面上的行為來達到「改變」，那就太可惜了。

當出現「想要改變」的念頭時，就是反思自己的思考方式和固定觀念的最佳時機。

先用現有的東西生活，慢慢地接受現狀。

直到現在，我每天也都會這樣提醒自己。

試著稍微暫停一下

現在的生活如果對於一切都覺得「這沒什麼」，很容易會吸收太多東西，導致欲望愈來愈膨脹。

雖然自己不覺得有什麼改變，不過圍繞在我們生活中的各種商品和服務，每天都以驚人的速度持續進化當中。如果像搭乘手扶梯一樣任由自己隨著這些潮流而動，生活自然會變成過剩的狀態。

舉例來說，手機下載購物平台的app之後，動不動就會打開來看。這種經驗大家一定都有吧？

一個小小的舉動，就會導致生活被塞了大量的情報。

當日限定的特價商品、季節新品配件、開放預約時間……以前沒有app的時候，就算不曉得這些情報，生活還是可以照常過，不會覺得有什麼不方便。

可是現在明明沒有需要，卻總覺得不能不買而不由自主地掏出錢來。我們的生活已經被這些東西給塞滿，完全被app給控制了。

自從開始過著低成本的生活之後，我發現這些原本覺得「這沒什麼」的東西，已經呈現過剩的狀態。

比起「增加」東西，現在反而要時時提醒自己「不要增加」，生活才會變得更好。

看到期間限定的特價商品或是點數加倍送，就會忍不住想買，這也是習慣所致。

我以前也會被「〇折優惠」的文字給吸引，差點就衝動掏出錢來。舉例來說，假設1000日圓的商品打8折。

- 1000日圓打8折＝省了200日圓
- 原本就不打算買＝省了800日圓

哪一個沒有花到錢，答案很明顯。如果一直覺得省下200日圓比較重要，最後就會做出錯誤的選擇。

比起省下200日圓，連800日圓都沒有花到，才是真正的賺到。

只要稍微冷靜下來想一下實際花掉的錢，就會知道自己的行為是「多麼浪費」。

要做到這一點，首先要學著讓自己慢慢遠離過剩的情報和事物。例如：

- 事先訂好採買日
- 把常用的app刪除
- 取消購物網站的信用卡綁定

這些雖然都是很小的舉動，可是會慢慢改變你的習慣。

生活過度浪費的情況，絕對不是一次的嚴重浪費行為所造成，通常都是像「灰塵」般小到平常不會意識到的浪費不停累積下來的後果。

因此，重要的是隨時留意控制這些「會積少成多的行為」，而不是大刀闊斧地去改變。

有個重要的訊號可以幫助自己察覺浪費的行為，那就是「疲累」的感覺。感覺疲累的時候，代表身體發出訊息告訴你「該放棄了」。

比起善於忍耐，有時候需要的是離開的勇氣。

如果明明已經身心俱疲，卻還是強迫自己繼續忍耐，浪費的行為只會愈來愈頻繁。

如果好好正視自己的「疲累」，想辦法慢慢排解，你會發現生活會變得簡單許多，所有事情都會自然而然地順利回歸正軌。

把重點放在「常用的東西」上

自從用少量的東西過生活之後，我得到的感受是，如果東西太多，反而會讓人想再添購「新東西」。

大家也許以為就是因為家裡的東西少，所以才會想亂買東西……不過我的想法剛好完全相反。

也就是說，正因為家裡的東西太多，所以才會忍不住想東買西買，導致用不到的東西愈堆愈多。

舉例來說，假設買了一雙很便宜，但是不合腳的鞋子。

這種時候就會買一些小東西來讓鞋子穿起來更舒服。

也許是簡單買個100日圓的小東西，更謹慎一點的，也可以把鞋子送去維修店，請店家幫助調整。

但是，這些都是讓家裡東西變多的陷阱。

這些辦法都沒有用，到最後鞋子被打入冷宮不再穿，過沒多久又買新的鞋子……如果每次都是這樣，很快地家裡就會堆滿愈來愈多的東西。

假設當初在買鞋子的時候就能確實挑選合腳的鞋子，說不定就不必再額外花錢買輔助品或是送去調整。

從整體支出來看，也許一開始就以合不合腳為考量，而不是便宜，到頭來還比較省錢。

不只是鞋子，只要是一開始就覺得不適合的東西，到最後不管用任何方法，還是會覺得不適合自己。就算留下來，也只是花更多時間和金錢去調整罷了。

之所以會買了不適合的東西，都是因為不清楚自己真正的需求是什麼，所以類似的失敗會一再發生，買了之後又不喜歡……這就是大家常犯的錯誤。

於是，家裡的東西愈堆愈多，口袋裡的錢愈來愈少。

要避免這種讓人心痛的情況發生，方法只有一個，就是在買新東西的時候要確實參考自己過去的使用經驗。

挑選隨身物品的方法沒有正確答案，只有經驗值的彙整。

必須先充分瞭解自己平時常用的東西的特性，才有辦法做到不隨便亂花錢、亂買東西。

比起「哪一個才是最好的」，應該要先具備一些對自己的基本認知，包括自己需要什麼功能、功能的等級要多好、希望有哪些配備等。

以上述的鞋子的例子來說，如果鞋子不好穿，這時候就必須要知道「哪個地方穿起來不舒服」。

此外也要知道「好穿的鞋子↓哪個地方穿起來很舒服」，這麼一來，下次便能準確地買到適合自己的鞋子。

對某些人來說，東西的品牌和價格也許是最重要的考量，但是對我而言，基本上最重視的還是實用性，所以買東西時都是站在「具備我需要的功能」的角度去挑選。

另外，為了瞭解每樣東西的特性，一定要做到「必要物品保持適當的備品數量就好」。如果習慣大量囤積，添購時就會因為「不曉得要買多少才夠」而一口氣買了過多的東西。

說來說去，自己喜歡的東西也好，用習慣的東西也好，挑到最後結果還不都是那幾樣。

說好聽一點就是「少量精銳」。

大家回想一下自己日常生活中常用的筆和食器、常穿的衣服等，雖然其他還有很多選擇，可是最後還是固定用那幾樣。

另外像是毛巾、貼身衣物等，每次也都是拿抽屜一打開最上層的來使用，洗完再繼續用……生活中這種「常用固定的東西」的例子數不勝數。

既然到最後都是用固定的東西，就只要留下那幾樣就行了，而且所有的東西加起來「不要太多，夠用就好」。

我的想法很簡單，與其為了「要丟掉哪些東西」、「要留下多少東西」絞盡腦汁，其實只要把重點放在「自己常用的東西」上就行了。

生活必需品和奢侈品

在我們的生活中有非常多東西看似是生活必需品，事實上其實是奢侈品。

把生活周遭的物品區分成「生活必需品」和「奢侈品」之後，就能很清楚知道哪些是生活中必備的物品。

每個人對於奢侈的定義和程度的界定，有各自不同的答案，有人認為奢侈是一種「揮霍」，有人則當它是「放鬆」。對我來說，只要是平常用不到的東西，就是「奢侈品」。

重點是，奢侈品並非全都是不需要的東西，關鍵在於找到「自己滿意的平衡」。

以衣服來說好了。

對各位而言，平常穿的衣服跟特殊場合穿的衣服，下列哪一種方式才是你「滿意的平衡」？

A　平常的衣服比較常穿，所以要買好一點的。特殊場合的衣服幾乎很少穿，等到需要時再用租的就好。

B　平常的衣服老實說穿什麼都沒差。特殊場合的衣服就算只是放在衣櫃裡沒穿，想到也會很開心，所以會花大錢買好一點的。

C　平常的衣服和特殊場合的衣服都想買好一點的。

其他當然還有很多不同的分配方式，只要把物品區分成「生活必需品」和「奢侈品」來思考，就會清楚知道什麼才是自己最滿意的平衡。

在做區分的時候，訣竅在於要盡量把範圍縮小，例如「衣服」、「廚房用品」等。

這麼一來，選購物品時就會有等級之分，而不再只是盲目地亂挑，花錢的方式也會跟著改變。

在第1章也有提到，挑選生活用品最重要的關鍵，就是要確實地把重點擺在「自己滿意的平衡」。

愈是常用的東西，大家愈容易不經思考地亂買。事實上，應該像選擇工作和房子一樣，「謹慎」、「仔細」地思考才對。

衣服講求的重點

這世上隨時隨地都可以都買到各種衣服。

正因為如此，如果衣櫥裡什麼衣服都買，上班穿的、在家穿的、平常外出穿的……根本不會知道自己真正的需求是什麼，而且不只是平常的洗滌保養，光是找想要的衣服，就是一件大工程。

原本以為衣服多，穿衣服就不用煩惱，誰知道結果竟然是「有很多衣服，卻沒有可以穿的」，於是又再買新衣服……以前的我經常像這樣「迷失在衣服山裡」。

不知道為什麼，比起其他東西，大家對於衣服和包包這種套在身上的東西，似乎很容易產生特別的期待，覺得可以透過這些東西瞬間改變自己。

為了「避免迷失在衣服山裡」，我做了很多嘗試，也得到很多失敗的經驗。接下來的內容就是我為大家整理出來的低成本，而且不會給生活帶來不便的挑選衣服的方法。

首先最重要的，就是找出自己對衣服「絕不妥協的要求」。

我在買衣服這件事情上所經歷過的浪費、亂花錢、失敗等經驗，全都是因為我不知道自己到底想要什麼樣的衣服。

後來，我找到了判斷標準，從此之後就幾乎沒有什麼關於買衣服或是穿衣服的煩惱和抱怨。

一開始就太貪心會很辛苦，例如「想要看起來很時髦」或是「想要穿出時下流行」，所以這些等到有能力再說。像這樣有個明確的原則，選擇範圍就會跟著縮小。

我對衣服「絕不妥協的要求」有以下三點。

1. 洗滌保養方法簡單
2. 冬天、夏天都可以搭配著穿，且方便活動，穿起來舒服

3. 適合我自己

特別是第3點對我來說最重要。

我在挑選衣服時最重視的不是「可以改變我的衣服」，而是「適合我的衣服」＝「能凸顯我的優點的衣服」。

以前我花了很多錢，卻總是買不到滿意的衣服，原因就在於我一直在找能瞬間讓我變得亮眼的衣服，也就是「可以改變我的衣服」，例如強調版型和作工的衣服，或是時尚、有品味的衣服等。

也許我在挑選衣服的時候，腦子裡想的都是「愈貴就愈能改變我的形象」。

後來，當我把焦點擺在「能凸顯我的優點的衣服」＝「適合我的衣服」之後，我對衣服便不再存有過多的期待，花在買衣服上的錢也愈來愈少。

要選擇適合自己的衣服，而不是讓自己去適應喜歡的衣服。

這麼說好像很理所當然，但是如果不夠愛自己的話，很容易就會在不自覺間對衣服產生過多的期待。

心目中的理想形象若是和自己本身的風格差太多，就必須靠衣服的設計和穿搭來調整，相對地就需要更多的金錢、配件和品味。

假設心目中有具體的理想形象，無論如何都想要變成那樣，倒也就算了。如果沒有的話，建議可以根據「自己本身的風格」去挑選衣服，不只花少少的錢就能享受時尚穿搭的樂趣，而且還會變得更有自信。

固定自己的喜好

問題是，要怎麼判斷是不是「適合自己」呢？

在試過各種方法之後，我發現要找到適合自己的衣服，祕訣就是把手邊的衣服拿來跟自己的喜好做搭配。

我在買新衣服和配件的時候，都會利用下頁的圖表來幫助判斷。

考慮要買新衣服或是配件的時候，我會把想要買的東西擺進圖表適當的區塊中，

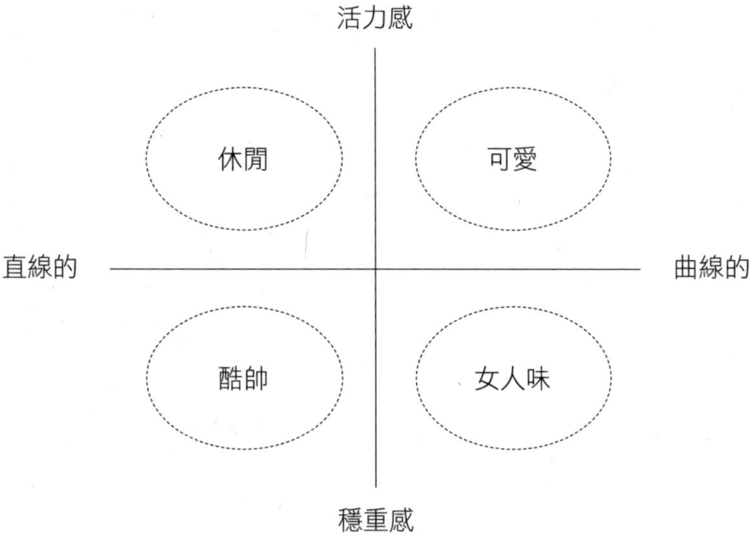

▶ 只要把想買的東西放到這個表格裡去思考，就會知道該挑選什麼顏色、什麼設計款式，減少「穿上之後總覺得好像哪裡不協調」的情形發生。

再確認自己手邊有沒有衣服屬於同樣的區塊，冷靜思考這個東西跟自己平常的穿衣風格是否能搭配，這麼一來就能輕易地找出自己的喜好。

新買的衣服跟其他衣服搭配起來感覺怪怪的……會發生這種情形，通常都是因為缺乏基本的喜好。

另外，如果想用少少的錢買到適合自己的衣服，比起「心目中的理想形象」，應該挑選能凸顯自己的身形、五官、整個人的氛圍等「自我風格」區塊的衣服。這一點也很重要。

不買新品

T恤等容易壞掉的單品，有時候買新品會比較划得來。但是如果是襯衫、洋裝等不容易褪色、變形的東西，我認為選擇二手衣就行了。

尤其冬天的外套不管是材質還是作工，大多比較耐穿，就算是二手衣，很多穿起來都還很好看。

像我自己現在穿的外套，就是在二手衣店花了大約2500日圓買的。

我買衣服還有另一個習慣，就是會去找跟以前常穿的同款式的衣服，再買一次。

前陣子我就在二手物交易平台app找到一件跟我幾年前很喜歡的襯衫類似、新款式的衣服，而且才700日圓，所以我就又買了一次。

令人慶幸的是，像是UNIQLO和GU等平價量販店，很多衣服雖然在材質和版型上會做一些微調，不過商品名稱幾乎不會改變。

只要用商品名稱去二手物交易平台app上搜尋，說不定就能買到狀態保持得還不錯的衣服。

如果擔心尺寸不合，比較保險的作法是善用一些二手衣店家所提供的到店試穿再網購的服務。

我經常買二手衣，因為可以買到很多未拆標的新品。

在很多人的觀念裡也許會認為「二手衣=老舊」，事實上，二手衣很多都是「買了卻沒有穿過」的衣服。

而且，這些衣服大多可以用定價一半以下的價錢買到手。

再加上二手衣商店也會舉辦特價活動，不管是原本500日圓的牛仔褲，還是700日圓的外套，有時候還會再賣得更便宜。

像我的洋裝就只花了500日圓，而且還是未拆標的新品。

買全新品當然要花不少錢，但如果是二手衣，就不會那麼傷荷包了。

雖然找衣服會花上一點時間，不過偶爾也會「挖到寶」，這也是買二手衣的樂趣之一。

快煮壺和電鍋

我家裡的烹調用具，只有一個可以煮1.5杯米的小電鍋跟一只快煮壺，就這樣而已，其他像是冰箱、微波爐、保鮮膜、保存容器等，全部都沒有。

以前我自認為下廚是我的興趣，所以租房子一定挑有雙口爐的才要租。

家裡的烹調用具也很多，壓力鍋、土鍋、牛奶鍋等，真的是各種用具都有。

那時候我經常利用放假的時間，一次買2000日圓左右的食材，把一整個星期分量的小菜一口氣全部做好冰起來，白飯也是一次煮好再分裝冷凍。只不過，如果遇到工作太忙、太累的時候，到了後面幾天，一想到要吃好幾天前做好的東西，就會覺得自己很可憐。

後來，隨著生活慢慢進入低成本模式，我對房子的條件要求也漸漸放寬，只要有配備IH電磁爐就行了，沒有微波爐或是冰箱只有冷藏、沒有冷凍也無所謂。

我真的有必要多付5000日圓的房租，只為了一定要有瓦斯爐嗎？冰箱對我來說，真的是必要的嗎？在一一思考過這些問題之後，我認為自己的生活並不需要這麼多用具，因此有了這樣的轉變。

現在我不必再忙著保養烹調用品，也不用為了煮一頓飯而一直被綁在廚房走不開。非但如此，房租還更便宜，讓我相當滿意。

也因為少了最占空間的一整套廚具，所以搬家的時候非常輕鬆。

最讓我驚訝的是，比起之前認真做常備菜的日子，我現在的飲食不但更健康，伙食費也減少了。看來我的生活只要有小電鍋和快煮壺就夠了。

我現在每個月的伙食費，少的時候甚至不用4000日圓，跟之前想買什麼就買什麼的時期相比，成本差距簡直是天壤之別。

剛做好的料理最好吃，想吃多少就煮多少，這樣不僅心情上比較沒有壓力，也比較健康、自在。

曾經有一陣子我也很嚮往外食生活，所以餐餐都吃外食。可是，外食的分量對我來說都太多，對身體和錢包都是一種負擔。

後來我迷上雞蛋拌飯、納豆飯和味噌湯等樸素的日常飲食，發現在家自己煮更便宜，讓我非常開心。

不管是從實用層面、金錢層面還是健康層面來看，最好的做法就是每天落實最適合自己的飲食。

要吃多少就買多少、煮多少

冰箱裡的蔬菜和常備菜已經放了好幾天，再不吃完就要壞掉了……像這樣強迫自己吃掉東西，真的很痛苦。

所以我現在都是每次煮少量的東西，夠吃就好，再加上家裡沒有冰箱，不會再被生鮮食材的期限追著跑，感覺輕鬆多了。

現在家裡常備的食材，就只有小魚乾、乾黃豆、蘿蔔乾、羊栖菜之類的乾貨而已。

另外，根據不同的季節，每個星期會再採買一、兩次，把平常需要的蔬菜、雞蛋、豆腐、納豆等一起買齊。

調味料大概就是味噌、醬油、橄欖油、醋和鹽。

美乃滋、番茄醬、沾麵醬等，想吃當然還是會買，只不過用到的機會不太多就是了。

至於醬料和沙拉醬，自己用橄欖油和鹽、醋、醬油調一調，大致上就能代替使用。

我現在幾乎已經不再真正下廚了，頂多只有在早上或是傍晚會煮一鍋飯。不過其實也只是把米（而且是沒洗過的米）、羊栖菜和泡了一晚的黃豆全部放進鍋子裡泡水，接著用電鍋煮熟而已。

另外還會再配上一碗用熱水泡開，只加了海帶芽的味噌湯，再視肚子的飢餓程度，搭配豆腐或是當季蔬菜、納豆、醋漬小魚乾等配菜，這樣一餐就算準備完成了。沒吃完的白飯就捏成飯糰先放著，之後要吃也比較方便。

有一陣子我也會用昆布和香菇熬高湯，用來煮味噌湯和燉東西，可是因為味道不怎麼喜歡，後來就不再這麼做了。

覺得不喜歡或是麻煩的事情，就放棄不要做，到最後剩下的，就是現在的飲食模式。

或許哪一天心血來潮「想好好煮一頓飯」，我又會做出「用泡了一晚的乾貨來熬高湯」這種事也說不定。另外，我最近也在想，自己動手做乾貨和種菜好像也不錯……我打算再多接觸一點，培養人生下半場的樂趣。

傾聽身體的聲音

當初決定要減少食量的時候，考量的並不是金錢上的問題，而是為了「解決不便和不滿」。

「吃」這件事情，會隨著自己重視的內容不同，吃的東西也會跟著改變。喜歡吃肉，喜歡吃菜，喜歡吃好吃的東西，重視CP值……每個人對吃的要求截然不同，想要找到適合自己的飲食生活，方法就是對於「自己在意的重點」要有清楚的認知。

之所以會有這種體認，是因為曾經有一段時期我因為想省錢，所以每天都只吃麵包和義大利麵，結果導致原本沒有任何問題的健康肌膚開始長出大量的粉刺。

我自己大概也知道問題出在哪裡，於是開始減少小麥製品和甜食的攝取，改吃米飯和味噌湯等單純的東西，肌膚的狀況才慢慢獲得改善。

從那之後，我的飲食便以米飯和味噌湯為主，自然而然地蔬菜的攝取量也變多了，也開始喜歡上方便又美味的乾貨，偶爾如果需要補充蛋白質，也會吃一些魚和雞蛋。就這樣，久了之後自然會找到自己喜歡的食材和料理。

現在，我的皮膚已經不會再亂長粉刺，也沒有便祕的問題，更不會像以前一樣那麼在意身上的贅肉和水腫。

身體是誠實的，只要吃對東西，自己和身體都會感到開心。

萬一吃錯東西，身體也會出現明顯的症狀。

因此，我決定不再東想西想，只專心傾聽身體的聲音，讓身體來為我的飲食生活做決定。

打造不用「找東西」的生活

我現在對於家裡的設備已經不再要求，也不在乎用什麼東西，對許多事物都不再堅持和講究。但是唯有一件事情我「堅持絕對不做」。

那就是「在家裡找東西」。

光是想到要找東西，我就有如身處在擠沙丁魚般的電車裡一樣充滿壓力。為了不見的東西東翻西找，真的很浪費時間。

「翻遍整個家裡還是找不到，買了新的之後，東西就找到了」。這種經驗很多人都有，不只浪費了時間，還白白花了錢，實在太可怕了。

生活中要盡可能地避免出現找東西的時間，才能過得舒服自在。

為了絕對不要「找東西」，我平常會澈底做到「不增加家裡的東西」，而且「每樣東西都有固定的擺放位置」。

有一種很常聽到的整理收納方法叫做「隱藏式收納」，這種方法雖然不錯，但是我完全不會想這麼做。

因為就實用性來說，不把東西收起來反而更方便。

幫東西貼好標籤，依照類別分開收納，也許這才叫做「確實做好收納」。不過，由於我的東西根本就沒有多到足以分類，所以最後我採取的方法是「收好就好」，目的只有能讓我快速拿到想要的東西就好。

所有東西一目瞭然，不用特別去記住收在哪裡，整個空間看起來也不會雜亂無章。

與其在收納方法和工具上花心思，其實只要在使用動線和擺放上用一點小技巧，整個家的便利性和舒適度就會大幅提升。

「收好就好」的方法有以下三個原則。

1. 常用的東西採吊掛式
2. 抽屜和櫃子採區塊式收納
3. 把會同時用到的東西收在一起

我只靠著這三個原則，就成功讓「找東西」這件事在我家澈底消失。可以完全不必做「自己堅持絕對不做」的事情，我非常開心。

對於自己覺得討厭、覺得麻煩的事情，如果不馬上想辦法改善，很容易就會擺爛。事實上，只要針對自己「堅持絕對不做的事情」立刻想辦法改善或是避免，生活就會快樂許多。

說到「整頓居家環境」，大多數的人想到的可能都是把家裡打掃、整理得一塵不染，但我認為其實不需要做到這樣。

因為每個人「喜歡的氛圍」、「覺得舒服的空間」都不一樣。

有的人覺得零亂才有放鬆的感覺，也有人喜歡乾淨的空間帶來的平靜感。有的人討厭生活感，有的人則能從生活感中獲得安心。

即便是同一個環境，感受也因人而異。

面對打掃和整理，我也秉持一樣的輕鬆態度，認為「只要自己滿意、開心就好」。

我自認為是個會仔細打掃、整理家裡的人，但這純粹只是因為乾淨的環境能讓我心情變好，感到自在。

髒汙和東西堆久了，之後就得花更多力氣來整理。

相反的，分次、少量進行，不管是勞力上還是心情上，都能用比較輕鬆的方式來完成。

最痛苦的莫過於明知道「不能不做」，卻完全不想動，只好強迫自己非做不可。

願意做當然最好，不過如果能找個「不用做就能達到目的的方法」認真去落實，也能從中獲得許多發現和樂趣。

符合「主菜」需求的房子

第1章的內容有提到如何從房租和居住環境等方面來「打造不必花錢的環境」。

在這一節，我想從打掃、整理的角度來聊聊「跟房子相處的方法」。

當初選擇現在這間房子的時候，我的想法只有兩個，一是「希望在家工作、看書的時候有窗外的綠意相伴」，另一個想法是「想躺在榻榻米上曬日光浴發呆」。

至於房子的設備，我幾乎都沒有仔細檢查，因為那些對我來說就像是額外附加的東西。

採光、通風、房租，這些全都是挑選房子的重要條件，但是除此之外，「自己想在這個房子裡做什麼」也非常重要。

如果缺乏中心思想，一下子想要有時尚裝潢，一下子想要廚房，一下子又希望有漂亮的衛浴設備……想要的太多，結果很容易變成什麼都不上不下，沒有一個完全達到。

雖然沒有什麼大缺點，可是也沒有特別凸出的優點，就是「不好不壞」的感覺。這種像「幕之內便當」一樣什麼都有、像大雜燴的房子，只要肯花錢，也許能實現願望，打造出完美的住所。

只不過，增加不必要的條件，支出勢必也會跟著增加，還有可能要被迫整理和打掃。

這種「幕之內便當」型的房子對我沒有什麼吸引力，所以我在挑房子的時候，通常會先決定我喜歡的「主菜」。

只要有一、兩個明確的中心思想，很快就能找到不用花錢也能過得舒服自在的房子。

一旦房子能大致符合自己的中心思想，剩下的缺點隨著住久了之後，很多都會變得不重要。就像我現在住的房子，原本覺得它的衛浴很小，不必要的收納空間又太多，可是自從搬進來之後，改造的念頭就漸漸消失了。

麵包祭活動贈送的盤子

以前我十分嚮往雜誌上和社群媒體上的那些「時尚生活」，所以花了很多金錢在自己的食衣住方面，這些經驗後來讓我得到一個體悟。

那就是即便是再高級的東西，「用不習慣的東西」就不要用。

「這東西雖然很好，但是總覺得用得有點逞強，還是不要了」，同樣的情形一再發生在不管是衣服也好，吃東西也好，房子也好……

前面提到的那些有關「食衣住」的所有內容，就像是我與曾經積極追求的「時尚生活」正面相峙的紀錄。

那麼，到底什麼樣的東西才叫做好呢？

幾經思考之後，我得到的答案是以「舒服自在」為原則就對了。

「衣」：自己覺得穿起來很舒服

「食」：自己覺得身心狀態都很健康

「住」：自己覺得住起來很舒服

總之焦點都是「自己」。

我經常到處問人：「為什麼你最常用的總是○○麵包祭活動贈送的盤子？」大家一致的答案都是：「因為用來用去，還是它好用。」

我覺得「單純因為麵包祭贈送的盤子很好用，所以我很喜歡」的想法沒有什麼不好，只不過在許多人的認知當中，似乎覺得喜歡的東西應該要再更具時尚品味才行。

可是，這樣豈不是忽略了自己內心的聲音了嗎……

對於食衣住的滿意度，最重要應該是這種「說不上來的喜歡」，但是我總覺得這種感覺受到一股莫名的「溫柔的壓力」所干擾，而被一一否定。

舉例來說，假設有「稍微裝闊買下的北歐餐盤」和「可以大膽使用的麵包祭贈送的盤子」兩個盤子。

如果只能選擇留下其一，你會選擇哪一個？

選項有以下兩個。

選項1：留下「稍微裝闊買下的北歐餐盤」，過著符合這個餐盤的生活

選項2：用不習慣「稍微裝闊買下的北歐餐盤」，還是放棄算了

我想大部分的人應該都會選1吧。

因為大部分的人都會受到不知道從何而來的壓力的影響，認為「北歐製＝時尚」，「麵包祭贈送的盤子＝俗氣」。

選項1看起來確實能更接近美好的生活，但是，只換掉一個盤子真的就能滿足、打消念頭了嗎？

接下來肯定會想把一整套餐具全部換掉，沒來由地開始講究泡咖啡的器具，連家具、窗簾等也要全部換新……這種情況並不是不會發生。

等到花了一大堆錢之後，就算終於驚覺「到頭來自己根本不知道自己想要什麼」，一切都已經太遲，於事無補了。

這麼說也許誇張了點，不過，如果以比較符合低成本生活的角度來說，我會建議選擇第2個選項。

我打從心底認為這種作法才能不花一毛錢地獲得快樂，不管任何事情都能順利圓滿解決。

正因為違背了自己真正的心意，要自己相信「不要選擇麵包祭贈送的盤子才是對的」，所以才會覺得空虛，不是嗎？

若是發現自己在不知不覺中已經被不知從何而來的「時尚壓力」所影響，最好的作法就是直接無視它，不要勉強自己去配合它。

珍惜「用起來開心的東西」

用來用去，最後還是用回原本的東西——我覺得這就是所謂的「有感情」，因為有感情，所以用起來很開心，變成生活中常用的東西。

或許也可以說是「習慣的東西」。

人在衣食住方面不管再怎麼改變，到最後都會用回「習慣的東西」。所謂習慣，應該是指對自己來說「稀鬆平常」的意思。

但是，一說到「整頓食衣住」，大多數人想到的都不是用回自己「習慣的東西」，反而是一一拋棄這些東西。

例如購買從沒穿過的款式；明明很愛吃肉，卻突然大口大口地吃起蔬菜；選擇住在從沒住過、強調功能性的房子……

這些都會讓自己漸漸遠離原本「用起來開心的東西」。

到最後可能等到哪一天「感覺不對」的時候，又全部想再重來一遍……

對於自己用習慣、有感情的東西，要好好珍惜，用正面的心態去重新瞭解它，不要輕易地嫌棄它或是否定它。這麼一來，衣食住等各方面也會自然而然地「整頓」成適合你的樣子。

對我而言，穿起來舒適的衣服、米飯搭配味噌湯的飲食、能讓我放鬆生活的房子，都是無可取代的。

讓自己的食衣住去配合不知從何而來的「這樣才對！」的想法，這樣並不叫做「整頓」。

自己喜歡，跟「一般的評價」是完全不同的兩回事。我相信能夠瞭解這一點的人，就不會再被周遭所影響，生活也會過得更滿足、更開心。

我自己的感受是，不管一般的評價如何，只要是「自己喜歡」的東西，就將它融入食衣住當中，變成日常生活的一部分，那麼整體生活自然會朝著低成本模式逐步前進。

嚮往「被喜歡的事物圍繞的生活」、「用心打造的生活」的心情，我自己也經歷過，所以非常清楚。

但是，這些肯定都是來自「大腦的聲音」。

「想丟東西！」「想換個感覺！」一旦出現這一類「想逃離現在生活」的念頭，這時候該做的不是提升東西的性能，而是要傾聽自己「心裡的聲音」，才會知道自己真正想要什麼。

如果能做到隨時不忘重視自己「心裡的聲音」，生活自然而然會變得舒服自在。

首先第一步不是花錢買東西，也不是把不要的東西丟掉，而是先從體會「這樣真好」的感受開始做起。

那種感覺就像心裡開出一朵小花，讓人感到安心。

只要在日常生活中盡可能去發覺這種「這樣真好」的感受，總有一天這種安心的感覺會慢慢生長成一大片美麗的花海。

Q▼可以分享你的衣櫃裡都有哪些衣服嗎？

A▼我家沒有衣櫃這種東西，不過我可以告訴大家我有什麼衣服。

我現在數了一下，上半身包括外套一共有五件，下半身有四件，洋裝一件。

這當中也包含了家居服和睡衣。

我平常也會把家居服和睡衣當成外出服穿，所以我現在已經搞不太清楚到底這些衣服是不是本來就可以當外出服，只是我都把它當家居服來穿而已。

不過，身為一個覺得買衣服很麻煩的人，我好想可以一整年都穿短袖短褲就好。

我希望這輩子能有機會到一個沒有四季之分的國家，好好地住上一陣子。

Q▼ 想丟掉不需要的東西，可是又擔心「說不定哪一天會用得到」，怎麼辦？

A▼ 我就用自己的興趣——買股票的例子來說明好了。有時候我也會因為「萬一我現在賣掉，結果明天股價就暴漲呢？」、「反正我買了之後就會下跌」這種幻想而猶豫不決，不知道該怎麼做才好。

後來，我分析自己為什會有這種想法，結果發現這都是因為自己在買賣股票的時候沒有確實做到結果演練，再加上想得不夠周全，功課也做得不夠多，所以才會有這些幻想。

我覺得這就跟處理不必要的東西很像。

之所以不知道該不該把東西丟掉，也許是因為缺乏結果演練、缺乏周全的思考、缺乏足夠的學習等「3項缺乏」所造成的吧。

不過讓我比較意外的是，很多人反而是「努力想丟掉不必丟掉的東西」。

「不勉強自己丟東西」也是很重要的練習。

「丟掉想丟的東西」之後，意外地會有一種開始動起來的感覺，你也可以一起來體會看看。只不過雖然這麼說，但是我對這種煩惱也非常能感同身受。

第 3 章

思考和習慣的整頓

「善意」是一股溫和而累人的壓力

我們的生活中充滿著許多看似便利的服務和好東西，但是這些能為我們提供「真正的」幫助嗎？

就像我在序章裡提到的，以前我常因為太在意身邊的狀況，反而看不見自己真正的需求。

「用了這個就會變得更漂亮」
「穿上這個就能展現時尚感」
「擺上這個，家裡就會變得漂亮」

這世上多的是方便又吸引人的事物，可是接受太多來自外在的便利，會讓人把「自己的本意」忘得一乾二淨。

將「自己想怎麼做」拋在一邊，不斷接收這些來自於外在的「善意」，結果就是家裡堆滿用不到的東西，存款卻日益減少……原本期待能過著充實的生活，實際上卻得到最不希望看見的悲慘結果。

這根本就是仗著「這是為你好」的口號而強加在他人身上的溫柔壓力。

如果很明顯地看起來就對生活沒有幫助，我們就能果斷拒絕，事情還比較簡單。但是，一旦讓人產生猶豫，以為「這麼做好像比較好」，久了之後，人也許就會漸漸失去自己的方向。

不只是東西，來自周遭人際關係的「善意」，也會影響我們的判斷。

舉例來說，你穿了一件很喜歡的衣服，朋友卻說「我覺得這一件比較適合你」，這時候你會有什麼感受？

也許會覺得朋友說的對，欣然接受對方的建議。另一種情況是，也許會覺得自己喜歡的衣服被否定，或是因為自己的感覺得不到肯定而感到失落。

就算是這樣，如果能大方告訴對方「謝謝你的建議，不過我還是很喜歡這件衣服」，這樣當然最好。但是，如果缺乏自信而對自己的感覺產生動搖，很容易就會被這種他人的「善意」牽著走而失去自我……這種情形，我自己以前也有很多經驗。

尤其當自己很努力賺錢，存款的錢卻不知道為什麼一直無法增加的時候，原因大概就是像這樣「已經迷失自我」，也就是「不是說自己喜歡最重要嗎，可是……」。

以前，在我還以為自己必須順應那些來自社會和身邊的「善意」的時候，甚至還會不由自主地把「善意」轉變成「必須」。

例如「必須要會下廚」、「必須要懂得打扮」、「必須做好職涯規劃」等等。我記得那時候自己被這些「必須」強壓著不斷努力，導致不必要的支出愈來愈多，存款愈來愈少。

但是，這些不過都只是我自以為是的迷思罷了。

這個世界其實還有更多不一樣的選擇。

況且，那些習慣將「善意」強加於他人的親友也好、世人也好，其實都是不經思考就輕易地給出建議，並不是抱著認真的心態。

因此，在瞭解這個社會和世界其實比我幻想的更加自由、更多元之後，我才開始能用輕鬆的態度去看待身邊的人事物和自己。

在我們身處的這個世界，很多訊息都是來自於說話者認為「這麼做才對」、「這才是正確答案」、「這樣比較好看」。若是一直被這些牽著鼻子走，久了之後，很容易會讓人對自己產生懷疑，例如「自己這樣做應該不行吧」。

要擺脫這種鑽牛角尖的想法，用說的當然比用做的容易。

但是正因為如此，我們更不能放棄繼續尋找「自己舒服自在的感覺」，因為說不定哪一天，我們會突然找到自己心目中的答案。

自己做選擇，自己做決定

以前因為工作的關係開始接觸社群媒體，在這過程中我學會了一件事。

大家都知道網路世界非常自由。

如果在社群媒體或是部落格上分享自己感興趣的事物，很快就會吸引來有著相同興趣和關注的人事物。

一個人周遭的人際關係，通常決定於他的工作和住所，但是網路上的關係是根據自己所傳遞出來的內容，一步步從零開始打造出來的。這樣的網路世界，讓我覺得非常自由和開心。

隨著在社群媒體上分享自己拍的照片和日常生活中的想法，藉此表達自己想傳達的想法，或是想跟某人說的話，突然間我發現，從以前到現在，幾乎沒有什麼事情是「我自己做的選擇」。

包括工作也是一樣，與其說是自己「很想做」，其實大多時候都是「因為已經拿到內定資格」、「因為是公司的工作」、「因為是別人介紹的」，我只是被動去做，不論是以前當上班族的時候，還是後來成為自由工作者，我的個性一向都是如此，沒有改變過。

簡單來說就是，我在「自己思考並做出決定」這方面的經驗太少了。

當下我便意識到自己必須調整一直以來的被動心態。

於是，我透過社群媒體學會選擇自己要過什麼樣的生活、跟什麼樣的人往來。這些經驗也是促使我開啟現在這種生活的契機之一。

另一個收穫是，以前我不知道自己喜歡什麼，生活就是這樣茫然地過。後來隨著年齡增長，才漸漸懂得篩選「適合自己的事物」。

懂得挑選「適合自己的事物」，才有辦法選擇適合自己的環境，生活也會變得輕鬆許多。

這時候，我才終於建立起自在的人際關係，在工作上也做出一番成績，對自己愈來愈有信心。

這股自信讓我產生了一個念頭：「現在的我，應該能做出跟以前不一樣的選擇」。於是我辭掉工作，靠著之前工作幾年存下來的存款，投入當時感興趣的網路傳播，一路擁有現在的生活。

或許以前我所缺乏的並不是金錢或是任何東西，而是對自己的信心。

不論是以前還是現在，我的個性和興趣基本上應該沒有多大的變化。但是，過去的經驗讓我覺得與其奮力追求理想，更重要的是找到適合自己的環境，不適合的環境，還是盡快離開比較好。

「無論是再小的事情，也要自己做選擇，自己做決定」。

自從我開始時時刻刻提醒自己這句話，我的生活就有了跟以前截然不同的轉變。

因為這麼做之後，不必要的支出自然而然也會跟著減少。

我每到一個不一樣的新環境，心目中的「理想自我形象」就會跟著改變，以至於我常常覺得自己「模糊不清」。

雖然覺得對自己的理想形象有明確想法的人很帥氣，但是我的理想永遠都是「反正就是想變得跟現在不一樣就對了」。

也許是因為一想到現實中的自己，心裡就覺得焦躁，為了假裝沒看見內在自我的空虛，所以我才會不停地花錢買東西、建立人際關係，希望從外在來形塑自己。

後來，當我開始「自己做選擇，自己做決定」之後，原本對於自我形象模糊不清、沒有具體答案的我，彷彿從迷霧中漸漸看見自己，慢慢覺得「現在的自己也不錯」。

一步一步地，大腦裡和心裡的焦躁終於一掃而空，找回生活和自己的安定。

「工作＝就業」的幻想

我的人生有很長一段時間堅信「工作」＝「上班族」。

因此，我以為無法適應上班族生活的自己是個不適合社會生存的人，於是連帶地開始排斥工作。就在我沒有工作的期間，有一天，朋友丟了一項工作給我，就這樣意外開啟了我自由作家身分的工作，也讓我發現原來自己適合獨自工作。有了這個認知之後，我的心情頓時輕鬆許多，感覺世界一下子變得遼闊了起來。

少了上班族固定薪水的生活雖然會讓人對金錢感到不安，但是相對的，和同事之間的交際應酬、紓解工作壓力等不必要的支出減少了，可以自由運用的錢也就變多了。

不只如此，在我試著遠離因為麻煩而提不起勁的事物之後，我才終於找回自己「想做的事情」。

每當一個人靜靜寫稿的時候，我彷彿能看見自己開心生活的模樣，心裡就會小小地鬆了一口氣。

我最久的紀錄還曾經一天寫了將近十五個小時，非但不覺得痛苦，反而覺得能專心在一件事情上，比什麼都要來得輕鬆。

當時「在家工作」的情形不如現在普及，我甚至連想都沒有想過。但是，不必每天早上擠電車上班，不需要注意化妝、穿著打扮等所有小細節，光是想到這些，心裡的負擔就減少了九成以上。

我給自己加了一個全新的工作方式的選擇，叫做：「就算不是在外面的公司上班也沒關係」，這種工作方式完全推翻我以前「只有隸屬於組織才不會流浪街頭」的觀念。

當個自由工作者就不會有居住地被工作綁住的問題，所以我有時候會跑到自然環境豐富的地方住，有時候又回到都市裡。現在回頭想想，可以趁著年輕自由地決定要住在哪裡，實在很棒。

雖然收入不穩定，可是不會再被時間和固定住所綁住。這些都是我非常寶貴的人生經驗。

低成本生活會讓你的工作方式面臨更多全新的嘗試，這也是我推薦的原因之一。

當個善於稱讚自己的人

低成本生活讓我得到許多發現，其中最想跟大家分享的，就是「自信」的重要性。

我發現自己以前就是因為沒有自信，所以就算花再多錢買衣服和隨身物品，我也不開心。

說到提升自信，一般人會想到什麼方法呢？

也許很多人會用考證照或是儲蓄來激勵自己，因為認為「只要達成稍微有挑戰性的目標，就會變得更有自信」。

這也是一種方法，不過我更重視的是靠「小事情」的累積來增加自信。

因為小事情會比大任務來得更容易達成，而且也會帶來成就感，對我來說效果非常好。

在日常生活中容易忽略的小地方，其實就有許多可以幫助自己增加自信的「小材料」。

只不過，也許因為大家都覺得做到這些是理所當然，又或者是把這些當成「本來就應該要做的事」，所以大部分的人都忽略了。

自從我決定要提升自信心之後，就算是再微不足道的小事情，只要自己辦到了，我都會「逐一稱讚」。我發現這麼做會讓我變得比以前更加穩定，「對自己非常沒有自信」的情形也變少了。

所謂「逐一稱讚」，大概都是像以下這種程度的小事情。

- 早上早起，「不錯喔！」
- 把家裡打掃乾淨，「做得很好！」
- 有記得倒垃圾，「很棒！」
- 一整天平安無事，「太好了！」

寫完才發現，還真的是小事情吶……不過，在我的腦海裡還是心裡，真的隨時隨地都會自動浮現這些句子。

雖然一開始都是帶著「怒氣」、心不甘情不願地去做，不過現在這些事情對我來說都已經跟呼吸一樣習以為常了。

「做到這些不是很理所當然嗎？」這麼說好像也對，但是實際上真的是這樣嗎？有時候早上會爬不起來，有時候想打掃卻沒有時間，有時候也會忘記倒垃圾的日子，有時候事情就是沒辦法如預期般進行。

若是再把天災、生病、受傷等各種事故考慮進去，有時候就是沒辦法平靜地度過一天，不是嗎？

然而，我們在稱讚自己、建立自信的時候，總是會不自覺地給自己加了許多「附加條件」。

- 在「預定的時間」起床，「不錯喔！」
- 把家裡打掃得「一塵不染」，「做得很好！」
- 「每天」都有記得倒垃圾，「很棒！」

・「一切都按照計畫進行」，一整天平安無事，「太好了！」

如何呢？不過是在上述的內容中簡單加個條件，感覺是不是不一樣了呢？有什麼不一樣呢？

一旦加上條件，感覺就像是把原本可以增加自信的機會給特地搞砸了。這種把事情變得更難達成的作法，在日常生活中真的相當常見。

如果辦到了，確實很了不起，不過這時候的心情跟我想傳達的「自信」，有點不太一樣。

取代這種艱難模式，我通常會把焦點放在「稱讚」上。

・能自己早起，「真的」「很不錯！」
・把家裡打掃乾淨，「做得很好！」「一年前的自己絕對無法想像」
・有記得倒垃圾，「簡直讓人刮目相看」，「很棒！」
・一整天平安無事，「太好了！」「心情都跟著開心了起來」

這種稱讚的說法，感覺比簡單一句「做得好」更能讓人增加自信。

比起費盡心血地努力去達成難以達成的目標，我更喜歡這種溫和的作法。

持續「稱讚」會給自己的內在帶來什麼樣的改變？

內在的「驚人之力」會有什麼樣的成長？

享受在這過程中的感受變化。這就是我認為增加自信的方法。

選擇適當的「提升自信的說法」

上一節提到的「稱讚」的習慣，對不習慣稱讚自己的人來說，一開始也許會覺得怪怪的，說不太出口。

如果想不到合適的說法，可以試著像接下來的範例一樣，先列出不同說法來比較，也許會更容易得到答案。

假使要對自己喊話，哪一種說法聽起來會比較開心？

A　工作如預期般順利進行，「做得很好！」

B　工作如預期般順利進行，為公司的業績帶來貢獻，「做得很好！」

在不同情況下會有不同的答案，基本原則就是以「當下自己的感受」去選擇。舉例來說，雖然B的說法很好，但是如果當下覺得「A聽起來比較開心」，那麼就選擇A。

只不過，不知道為什麼，個性認真努力的人，有時候雖然覺得A聽起來很開心，可是卻會刻意選擇壓力比較大的B，彷彿沒有做到像B那樣都不算好。

一旦陷入這種思考，很容易就會對自己失去信心，不停要求自己要做到更好才行。

這就像拚命想要抓住眼前的海市蜃樓，卻怎麼也抓不到，是沒有終點的無間地獄。

這樣就算有再多的自信也不夠，只是在不停地「浪費自信」罷了。

為了避免像這樣把自己逼入絕境，一定要改變自己的想法和感覺，讓自己習慣並接受沒有條件的「單純的好」。

我現在把心態調整得超級寬鬆，就算事情不如預期般順利，我也會告訴自己「做得很好！即使進度只前進了一毫米」、「不錯、不錯！至少把電腦打開了」。

不可思議的是，這種寬鬆的心態反而讓我開始有動力去面對原本不想做的事情，而且還會愈做愈順利。

「很棒、很棒！」像這樣只有稱讚當然也行，不過感覺太簡單了，最好還是事先準備一些比較具體的說法。這也是技巧之一。

像我自己常用的說法就是「雖然～」。

這本書就是我抱著「雖然剛開始寫得很沒勁，不過現在可以寫到這麼多，我真是天才呀！」的心態下完成的作品。

稱讚的目的是為了要肯定自己的努力，所以要先暫時拋開「別人要是聽到說不定會嚇到」的想法。

「雖然～」是個很好運用的說法，而且確實能提升自信和勇氣，非常推薦給大家。

它會讓你有信心和勇氣向前跨出一步，而且是一大步。

「雖然如此，不過真的做得很好！我也是，你也是」。

怎樣？是不是感覺到信心開始在萌芽了呢？

定期整理手機和自己

我每個月會抽一、兩次的時間來整理手機裡的東西，因為像是一些已經用不到的app、備忘用的螢幕截圖等，會在不知不覺間愈積愈多。

整理方法大致如下。

▼**相簿：**一張一張檢視，只留下目前還用得到以及想保存的照片。如果是完全已經沒有印象的照片，一律刪除。

▼**備忘錄 app：**把備忘錄裡的紀錄事項轉變成實際行動。把需要重新整理的想法

紀錄，移到其他工具（例如紙本筆記本等）上好好地整理。確定用不到的紀錄和已經完成的事項則全數刪除。

▼**各種app：**依照使用頻率，分成不同的資料夾存放，或是改變排列位置。確定已經不會再用到的就刪除。

在整理的過程中會讓人產生一種錯覺，彷彿是在整理自己的過去，同時也會讓人稍微回想起過去，例如「我想起來了，那個時候的確一直在思考這件事」。這時候，現在所面臨到的煩惱和不安的心情，肯定也會一併獲得整理，瞭解過去曾經發生過的事情，讓原本狹隘的視野和心情頓時變得開闊。

不只是手機，任何東西想要用得順手，都必須勤於維護。跟整理手機一樣，我平常也會定時檢視自己的內心是否累積了太多「討厭的事物」、「不適合的事物」、「已經沒有必要的事物」。

我常在想，在我們的心裡一定也有類似這種「用不到的app」的東西存在。這些東西累積了太多在心裡，人就會有壓力。

由於我們沒辦法像看見app一樣看見自己的內心，於是就這麼一直擱在心裡沒有去解決。

但是可以確定的是，這些東西放任著不管只會愈積愈多，最後處理起來會更麻煩。

因此，最好還是勤勞一點，趁著壓力還小的時候就去面對它、解決它。

在還沒有進入低成本生活之前，為了暫時逃避這些累積在心裡「用不到的app」＝壓力，我會選擇逛街買東西、到餐廳吃大餐，或是來個兩天一夜的小旅行，讓自己覺得壓力已經獲得釋放。

十次大概會有一次成功，剩餘的九次會覺得自己只是在逃避現實，根本沒有解決問題。

跟app不同的是，人內心的壓力並不是說刪除就能刪除。

因為有些東西是刪不掉的，有些則是刪了之後又再出現，十分難纏。不過只要定期回過頭去面對它，總有一天它會自動消失不見。

只要抱著刪除的決心好好地去面對，就能為內心裡清出更多容量，也比較不會引發棘手的大麻煩。

小心拿捏「堅持」

低成本生活要特別注意的是「堅持」的拿捏。

「堅持」的拿捏非常困難，拿捏得好不僅能降低成本，自己也會開心，擁有高品質的生活。相反的，一旦用錯方法就會造成浪費和亂花錢，因此對我來說是「危險物」。

「堅持」的拿捏因人而異，我相信一定有人是因為過度「堅持」，以至於無法擁有穩健而充實的低成本生活。

以下就讓我們來看看錯用「堅持」的例子。

- 為了集點而拚命買東西
- 肯花錢買牙刷，卻捨不得花錢檢查牙齒

・願意砸大錢買喜歡的飲料和零食，三餐卻總是隨便打發

每個人「堅持」的事物都不一樣，包括我自己也有好幾個堅持。大家必須要先有一個認知，就是任何人都沒有資格去對他人的「堅持」說三道四，因為自己的錢想要怎麼花、過什麼樣的生活，都是個人的自由。

在這裡我想要討論的是關於「堅持」的拿捏。

以上述的例子來說，「集點」、「牙刷」、「嗜好品」就是「堅持」，若是將重心全部擺在堅持上，以整體來說只會帶來更多壞處。

別說是生活變得更好了，長久下來反而會增加支出，甚至把身體給搞壞。

失序的生活，很多時候都是因為有所「堅持」。

想要放棄「堅持」，必須先察覺自己的行為是錯誤的，從客觀的事實去做判斷。

但是，像是「少吃愛吃的零食飲料，多攝取肉類、魚類、蔬果等有益健康的食材」這種常見的大道理，每個人當然都知道。

知道歸知道，不過……接下來的內容就留待下一節再說明吧。

先做些自己喜歡的事情

我在練習放棄「堅持」的時候，一直謹記著一件事，就是先做「自己現在想做的喜歡的事情」。

以我來說，大多時候都是讀一本想讀的書、聽聽音樂，或是出門散散步。做完這些自己喜歡的事情，會有一種像是充飽電一樣精神滿滿的感覺。

每次像這樣得到滿足之後，總覺得就不會再執著於想要做什麼，可以更輕易地放下堅持。

很多時候太執著於「堅持」，反而會看不見自己「真正喜歡的事情」，或是「只要擁有就會開心的事物」。

過度執著於「堅持」，會讓自己漸漸朝著痛苦的方向做選擇，最後影響到生活。

以上一節提到的「嗜好品」為例，如果想放棄這項堅持，可以先試著做點立刻就能做到的「自己現在想做的喜歡的事情」，意外地會感到心滿意足，心情也會比較冷靜。

先做點手邊自己喜歡的事情，讓自己冷靜下來之後，就會發現「自己到底是在堅持什麼……」，自然就會放棄「堅持」。

說不定就是因為沒辦法做自己喜歡、想做的事情，才會莫名地把「自己的堅持」當成最重要的事情看待。

「自己現在想做的喜歡的事情」就像是指引，能把自己從失序中導回真正、原本的自己。

與其一直拚命努力，不如偶爾稍微休息一下、散散步，用輕鬆的態度面對生活，久了之後，「自己的堅持」也會漸漸變得不再重要。

這時候說不定就會明白之前一直想不透生活失序的原因，輕鬆地解決問題。

不順遂的時候，不妨先停下來

生活中難免有時候會覺得不順遂。

明明已經很努力了，卻不知道為什麼事情總是做不好。同樣的問題一再發生，每天都過得很厭世。每當有這種感覺的時候，我就會提醒自己停下腳步，不要再急著想要前進。

這是因為稍微停下來之後，視野會變得開闊，能用更廣的角度看事情，也就能看見不順遂的原因。

以前，有一次我因為事情不順利而不知道該怎麼辦，碰巧看見一幅景象，讓我的心情頓時豁然開朗。

有一天，我跟平常一樣買完東西準備要走回家，忽然看到路邊的排水溝裡堆滿了大量的枯葉。

從堆積的位置來看，這幾天要是下雨的話，水一定會被塞住排不掉。

一開始我只是傻傻地盯著看，心想「如果不把枯葉清理掉，改天下大雨，水可能會因為排不掉而溢出來……」。可是看著看著，不知不覺間開始想起自己，自己現在之所以這麼煩惱，不就像這堆枯葉一樣，不是單一原因造成的。

一想到這裡，我突然明白自己為什麼感到鬱悶的原因，心情就這麼變好了，實在很神奇。

這世上有很多事情用道理是想不通的，但是當我們把焦點從問題上移開之後，會發現在我們日常生活中，其實就藏著解決問題的暗示。

以方才排水溝的例子來說，在我們覺得不順遂的時候，經常會懷著一些無理的期待，就像希望枯葉不要再掉下來，或是期望別再下雨。

但是，對這種無法控制、不實際的事情懷有期待，完全無濟於事，最可靠的解決辦法應該是稍微停下腳步，隨時留意容易發生問題的地方。

因為不管怎麼做，枯葉還是會掉下來，天空還是會下雨。

正因為我們沒有辦法把腦袋和內心打開來看，所以事情更不可能輕鬆解決。

平時最好就要對自己容易卡住的地方有所自覺，一旦生活中覺得不順遂，就要暫時停下腳步，找出自己卡在什麼地方。

關心自己的感覺

找到自己感興趣、關心或是喜歡的事物的時候，心情會很開心，感覺身體輕飄飄的，甚至會覺得身體變得熱熱的。

就像我們買東西也會用「一見鍾情」來形容，大概就是那種感覺。

當我們在欣賞或是接觸喜歡的東西的時候，似乎就不會覺得鬱悶，或是身體很沉重、變冷的感覺。

思考生活周遭的事情也是一樣，別一直用腦袋想，可以試著去感受這種「輕飄飄、雀躍的感覺」。習慣了之後，就能幫助自己更快找到正確答案。

各位在咖啡店都是怎麼挑選座位的呢？

大家一定都會選自己喜歡的位子坐。

有的人喜歡坐在角落，有的人喜歡靠窗，有的人喜歡一個人坐四個人的位子……

大致上來說，大家都會確實挑選符合自己需求的位子。

如果店內還有很多座位，應該沒有人會在寒冷的天氣還特地選擇坐在露天座位吧。或者，靠牆的位子如果還有很多，肯定很少有人會選擇自己一個人坐在正中間的大桌子。

大家自然而然地都會選擇自己覺得舒服的位子。

這就是所謂的重視自己的「感覺」。

當自己選擇「我要坐在這個位子」的時候，其實就是憑著「這個位子坐起來應該很舒服」的感覺在做決定。

可是，當對象變成隨身物品或是生活上的事情，很多時候我們就會不由自主地用道理和評價來做選擇，忽略了自己的感覺。

有時候我們會對自己的生活、身邊的隨身物品、身處的環境等，產生一種說不上來的奇怪感覺，甚至是覺得厭煩。這也許就是因為我們在做選擇的時候，都忽略了「感覺」的重要。

挑選座位的時候，沒有人會先考慮「萬一位子全被坐滿了怎麼辦」，大多數的人的想法應該都是「真要沒有位子的話再說」。

我發現生活也跟選位子一樣，只要用「我應該會喜歡這個」來做選擇，通常都不太會猜錯或是失敗。

對我而言，打造生活就跟挑選座位差不多。

根據自己「舒服、自在」的感覺去創造、去做選擇就對了。

憑直覺馬上就知道答案的事物

喜歡或是適合自己的事物，其實都是不用思考，憑直覺馬上就會知道答案。

今天想吃的東西

今天在家想做的事情

今天想去的地方

沒有想太多，腦袋裡一下子就浮現的答案，通常實際去做了之後，都會得到滿意的結果。

相反的，如果違背自己的想法和感覺去做，心情通常會很煩躁，覺得悶悶不樂。

舉例來說，假設午餐有下列兩個選項。

漢堡排定食1000日圓

煮魚定食800日圓

心裡真正的答案「當然是漢堡排」，可是為了省錢，捨不得多花200日圓，所以最後選了煮魚定食。

「平常絕對不會選煮魚定食，不過原來還滿好吃的嘛！」吃完如果覺得開心當然最好，只不過，實際上人的心情通常不會這樣隨隨便便就想得通。

大部分的情況應該都是一旦想吃漢堡排，嘴裡所渴望的就全都是漢堡排的味道了。

有時候說不定還會嘴裡吃著煮魚，心裡卻是滿滿的後悔：「果然還是應該點漢堡排的……」

早知如此，當初應該選擇漢堡排定食才對，雖然貴了一點，但是至少能吃得開心。

心裡「想吃漢堡排定食」的話，一開始就應該順從自己的感覺選擇漢堡排，這麼一來，不必再重點一次就能吃得很開心。

不要給自己製造不必要的執念，這樣才能真正省到錢。

思考事情的方式有很多，如果有辦法不受限制地為自己創造更開心的選擇，就會知道開心和省錢是可以同時擁有的。

有了這種能力，就能跳脫飢餓感和「省錢＝忍耐」二選一的思維，選擇一個花少少的錢就能吃得很開心的答案。

這也許就是低成本生活和重視省錢第一的飢餓生活，兩者之間的差別吧。

想要擁有這種低成本、又能過得開心的生活，大家可以試著練習重視自己內心「這樣比較好」的感覺。

以下就是我平常的作法。

我會用玩遊戲的方式，訓練自己把心裡的感覺化作實際的行動。

- 家具沒有固定的擺放位置，隨著當天的心情移動椅子或桌子。
- 點餐的時候一秒做出選擇
- 如果猶豫不決，就告訴自己「我現在無法決定」
- 每天早上決定當天要做什麼

當然，不是每件事情都能一下子馬上就做到，不過還是要隨時提醒自己努力去做。

藉著每天不停地練習順應內心的聲音去行動，現在的我，行動力已經提升了不少，「光想不動」的情形也愈來愈少了。

「自己做決定，並且付諸實行」

剛開始練習這麼做的時候，經常會出現「『假的』這樣比較好」的感覺。

之所以說是假的，是因為那些其實都是空有大道理、光說不練的思考下的產物，很多時候實際做了之後才發現「好像不是這樣」。

不過，我沒有因此而氣餒，繼續朝著「內心真正的聲音」調整方向，漸漸地我的行動愈來愈精準，「好像不是這樣」的發生率也大幅下降。

在還不習慣完全順從「我覺得這樣比較好」的感覺去行動之前，很容易會出現猶豫不決的情形。

如果本來就是個喜歡思考且能樂在其中的人，那倒無所謂，不過我想大部分的人應該都會因為想太多而不知道該怎麼做。

不知道該怎麼做，很多時候其實都是因為「理性過剩」、想太多的關係。

常有人問我：「如何培養勤於打掃的習慣？」「怎麼做才能減少浪費？」事實上，最快的方法也許就是先拋開「一定有什麼成功的訣竅」的想法。

重要的不是訣竅和方法，而是自己想不想做。

勤於打掃的人，通常都是因為想要一個乾淨的居家環境，所以這麼做。

不會浪費的人，也是因為他們不想浪費，所以自然不會那麼做。他們都只是順從著內心的聲音去行動罷了。

改變想法和作法當然也是方法之一，不過在這之前，可以先從小事情累積「順應自己內心的聲音去行動」的體驗，慢慢地這個習慣會擴及到整個生活。
自然而然地，生活方式就會變得跟以前截然不同。
因此，首先第一步要做的，就是告訴自己：「只要照著心裡想的去做就好。」
就算是再小的事情都可以，先試著踏出第一步吧。

學會放棄

我有時候會覺得，「放棄」就好像是開車一樣。
舉例來說，假設「原本都是以時速80公里的速度開在高速公路上，可是現在想慢慢減速」，也就是「開車開得有點累了」的感覺。
可是，身邊的車子都還是繼續以時速80的速度在跑，甚至別的車道還有車子的時速將近100公里。
開車開得有點累的我，要怎麼做才能從時速80公里的速度慢下來呢？
也許可以踩煞車，或是放慢油門，其他還有很多方法。

我常在想，想要「放棄」什麼的時候，從思考「怎麼做才能放棄」的那一刻起，其實就已經開始放棄了。

在接下來的內容中，我想就「放棄」這件事，好好地把自己的想法做個整理。

假設自己正開車在高速公路上，身邊的車子時速都高達80公里。

開著開著，慢慢地覺得有點累了，沒辦法再繼續保持同樣的速度前進。

可是如果只有自己突然減速會非常危險。

要怎麼做才能依照自己的節奏減速下來呢？

大家都會覺得「要跟大家開在同一個車流當中」，可是事實上並沒有規定「一定要開在同一個車道上」。

如果可以試著放鬆心情去思考的話，還是有其他方法可以做到減速。

例如「改開別的車道」。

生活也是一樣，沒有人規定「永遠都要用同樣的方式生活」。

想要改變生活方式，有很多種方法可以選擇。

自己只是在找各種理由不去做罷了。

一直開在同一個車道上，如果覺得車子怪怪的，或是感覺累了，那就想想如何「在不危險的狀況下變換車道」。

開車在高速公路上，如果想要開始減速。

我應該會先暫時開下平面道路。

然後找間超商買杯咖啡休息片刻，拿出地圖看看「自己想去哪裡」，重新規劃路線。

例如「去海邊好像不錯」之類的。

並非一定要在原本的道路上，維持固定的速度，一面開車一面思考接下來的方向。

若是一直覺得自己非得「在同一條道路上」「邊開車邊思考」才行，也許會就這樣一路開下去，根本沒想過自己可以離開這條路，甚至是下車。

有了方法之後，接下來的重點就是抓準時機。

在生活中，我們總是覺得「跟大家一樣」會比較輕鬆，或是待在「相同的道路上」會比較安心，就算好不容易找到有地方可以停車下來休息，大多時候也都會選擇直接通過，繼續往前開。

等到再回頭想停車休息，卻發現剛剛還空著的車位已經被停走，這時候就會覺得愈開愈痛苦，很想找個地方休息。

所謂的「放棄」，也許就跟抓準時機停下來休息是一樣的道理。

做出最佳判斷的方法，不是先考慮「我必須踩煞車」等該怎麼做，而是在充分意識到自己繼續開下去會很累的時候，找個可以休息的地方先停下車，再好好思考接下來要怎麼做。

首先要做的，不是鼓起勇氣踩煞車，應該是決定「先駛離現在的車流」。

接下來，順從自己「想放棄」的感覺，做當下能做的事情。這一點也很重要。

一直用同樣的速度開在同一條道路上，有時候根本不知道還有其他方法，甚至連想都沒有想過也說不定。

在真心「想放棄」的感覺來臨之前，可以先從小事情開始練習放棄，讓自己的想法更加靈活。

也就是說，有了經驗之後，就不會再那麼害怕放棄了。

只要把「減速」想成是「用自己喜歡的速度前進」，選擇就會變得更多。

駛離高速公路，並不等於世界的終點。

不管在哪裡，「生活」這條道路都會一直綿延下去。

就拿我來說好了，如今我已經疲於開車，現在比較像是慢慢邊走邊散步的感覺。

以前開車的時候總覺得「走路根本沒辦法前進，而且還很無聊」，可是，有時跟人一起步行，甚至還走到看似沒有道路的地方，才發現走路也有開車所沒有的樂趣。

只要記得隨時選擇可以用自己喜歡的方式和速度前進的方法，這樣就行了。

自給自足系統

我現在的生活，是放棄不適合自己的東西，只留下「自己喜歡且想做的事情」之後所得到的結果。

也許更正確的說法應該是：只剩下「自己喜歡且想做的事情」。因為思考如何用較低的成本過生活，也是低成本生活的樂趣之一。

以前還是上班族的時候，為了繼續忍受不適合自己的事情，我不得不額外花錢來彌補心中的痛苦。

明明不懂流行，卻買了一大堆衣服，想讓自己變得更時尚。

明明對裝潢沒有多大的興趣，卻買來一大堆東西，開始講究居家風格。

明明不喜歡人多的場合，卻接受邀請，努力想讓自己撐過去。

現在想想，這些全都「不適合」我。

如果以為花更多的錢在不適合自己的事情上，就能得到回報，那就大錯特錯了。不適合的事情，雖然可以盡力把負面影響降到最低，但還是很難產生正面效果。相反的，做適合自己的事情，感覺就像在自己身上安裝了一台可自行發電的裝置一樣。

做不適合自己的事情↓失去動力↓靠花錢維持動力……最後落入痛苦的循環。

相反的，做適合自己的事情→變得更喜歡→變得更擅長而開心→產生自信→開心做著適合的事情。這種情況帶來的是一個正向的循環。

我自己把這種循環稱之為「自給自足系統」。

舉例來說：

- 吃了自己做的料理，覺得很好吃
- 把家裡打掃乾淨之後，覺得待在家裡很舒服
- 讀自己寫的文章感覺受到鼓舞

因為自己所做的事情而感到開心。這就是「自給自足系統」。

大家可能會覺得：「什麼嘛，不就是自我滿足嗎？」

沒錯，就是自我滿足。

不過，對我而言生活不是為了他人的評價，自己開心才是最重要的。

靠著「自給自足系統」獲得滿足之後，就不會想再有求於人，所以雖然多少會需

要一些「材料費」，不過像是服務費之類的支出就會減少，自然而然地生活費也會跟著降低。

當然，如果自己能量不足而「感覺疲憊」的時候，或是面對不擅長的事情，也可以求助他人，請求協助。

但是，只要是在「自給自足系統」能夠應付的範圍內，就是成本最低，且能樂在其中的方法。

我覺得「自給自足系統」最棒的一點，就是可以感受到小小的滿足感。

別人為自己做的事情，花錢得來的東西，往往都會伴隨著不滿和過分的要求。但是，如果是出於喜歡而自願去做的事情，提出要求也好，接受要求也好，對象都是自己。

如果希望得到更多，自己就必須更加努力，以回應自己的期待。這樣的話，反而會覺得「就這樣也不錯」，體會到小小的、剛剛好的滿足。

做得不好的話，也可以當成「讓自己變得更好的契機」。這一點我也很滿意。

如果是自己從布料開始做衣服，對於小細節一定不會太在意，像是「我不太滿意領子的設計」、「長度有點奇怪」等。

如果是擅長裁縫的人也就算了，但是對於從來沒有做過衣服的人來說，只要做出一件能穿的衣服，應該就很開心了。

說不定只要做著自己擅長的事情，人就覺得心滿意足了。

對「大家應該都做得到」抱持存疑的態度

人就算有擅長的事情，也會馬上想到「還有很多人比我更厲害」，於是收回自己的得意。

我一直以為「我都做得到了，大家一定也做得到」，可是當我分享出去之後才知道，事實上完全不是這麼一回事。

例子之一就是我在YouTube上不定期更新的「KAZETAMI RADIO」頻道。

錄製這些影片通常都沒有腳本，中間也沒有休息，每次都是自己一口氣講一個多小時的話。

但是從以前到現在，還沒有發生過「腦袋一片空白，說不出話來」的情況。

我以為「大家應該都做得到」這樣，可是當我知道很多YouTuber會花很多心力在寫腳本時，我非常驚訝。

如果要我從「金錢」、「時間」、「條件」等方面來思考自己擅長的事情，我肯定不會異想天開地想到答案會是「錄製一個小時的談話影片」。

是某一次直播時來自聽眾的要求。

當時聽眾要求「可以再多講一點嗎」，於是我又繼續講了十分鐘、二十分鐘，到最後一共講了一個多小時的話。

我原本以為「這樣不會講太久嗎……」，沒想到真的去做了之後卻大受好評，於是就用這種方式持續錄了三、四年以上，直到現在。

大家常說，做自己擅長的事情就像「呼吸一樣簡單」，「能夠毫無負擔、輕輕鬆鬆持續進行」。我覺得說得一點也沒錯。

大家通常都會很明確地提出請求，例如「可不可以請你～」，而我發現自己接收到的要求經常都是「看起來應該擅長的事情」。

只要平常好好抓住這些機會，就算不刻意去尋找，也能從中發現自己擅長的事情。

也就是說，自己擅長的事情說不定可以幫助到別人。

就算不知道自己是不是擅長，也應該要抱著輕鬆的心情去挑戰，不要管結果是什麼。

不是削減，而是「恢復」

我認為人的幸福真的有很多種面貌。

每個人都有各自的幸福，可是我們卻經常擔心「這樣好嗎」，為不必煩惱的事情煩惱，明明已經做得很好，自己卻感受不到。

現在的我，終於知道「生活中什麼事情會讓我覺得幸福」，從中我也得到許多發現。

以前，我總是要求自己必須學習更多技能，必須想辦法增加收入、必須更努力贏得評價、必須過更好的生活。一直以來我都是以不安為動力，想要吸收那些甚至是自己不需要的東西。

不過實際上，我很清楚只要好好珍惜手邊已經擁有的東西，生活就已經足夠。只要不過度依賴群體，習慣孤獨，自然會覺得「這樣就好」。回顧過去的自己，我真心這麼認為。

跟別人比較，在意別人的眼光，拿評價當作標準。生活如果像這樣太在意自己以外的東西，只會離真正的自己愈來愈遠。與其慌張地到處吸取東西試圖改變自己，應該讓過度膨脹的自己和生活先恢復「原本的狀態」，這才是最重要的。

因此，最好的方法就是重視「自己的感覺」，且遠離不適合的事物。唯有這麼做，才有辦法明確掌握自己所需的金錢和東西。

不要急著到處吸收東西。慢慢地一步步前進，感覺好多了。

不急不躁

當我們想要改變自己或是生活的時候，常會在腦海裡描繪一個「比現在更完美的自己（或是生活）」等實際上並不存在的想像。

我們總是在逃避靠自己嘗試和失敗帶來的麻煩和辛苦，像是在追求能夠一次就成功逆轉的魔法一樣，輕易地就被那些好聽的銷售話術給吸引，像是「買了這個就能輕鬆幫你解決問題！」「只要用這個方法，輕輕鬆鬆就能看見驚人的效果！」。我相信每個人都有一、兩次這樣的經驗。

但是，這只會讓自己花了更多冤枉錢，還把家裡堆得到處都是東西。愈是想用快速的方法解決，就會離原本的自己愈來愈遠。

在整頓自己和生活的過程中，我的感受是「把一樣事物從自己和生活中移除，所花的時間會跟當初接受它的時間一樣長」。

若是急著想得到結果，當然就無法持續下去。最好的方式，應該是瞭解「結果需要花時間等待」，紮紮實實地努力去做。

大家還記得自己第一次煮飯的味道嗎？

第一次做的玉子燒，第一次做的飯糰，第一次洗的衣服，第一次買的東西。

每個人都是從「什麼都不懂」、「不知道」的狀態下開始的，可是多數人卻都忘了這些「第一次」的感觸和感受。

我們花了那麼多時間，才學會這些事情。

我們花了多久的時間學會這些，就必須花多久的時間才能移除，一想到這裡就會知道，急於學會的事物其實沒什麼了不起，這麼一來心情應該也能輕鬆許多。

在學會之前，最好的方法就是不要焦慮，不要著急，紮紮實實地做好自己能力範圍內的事情就好。

很多人在實際去做之前都會想太多，例如「萬一做不好怎麼辦」、「如果失敗了就糟了」等，以至於遲遲沒有行動。可是對我來說，正是「不管那麼多，先做再說」的經驗的累積過程，常常讓我發現很多事情。

自己打造自己的生活不是一件簡單的事。

可是就是這樣才有趣。

一旦找到自己感興趣、「好像很好玩」的事情，就順從這股感覺放手去嘗試。這就是做好事情的技巧之一。

當然我也會跟大家一樣，繼續踏實地審視、修正自己的生活。如果你願意的話，就跟我一起來累積吧。

無論是從生活中再小的事情開始。

用船來比喻現在的生活

在想像自己的生活的時候，我會習慣用船來比喻。

我現在搭乘的是單人獨木舟，船上只放了承載得了的物品。船身的大小即使不小心翻船，我也可以靠自己把船翻回來，不過為了以防萬一，我身上也穿著救生衣。

我靠著手上唯一動力的船槳，在湖水般平靜的水面上，一面欣賞著身邊的自然風景一面前進。

自從決定「搭上這艘一人掌舵的船」，到現在已經經過5年的時間了。

當初之所以決定這麼做，是基於以下的原因。

如果要開載著大量物品緩慢長時間移動、像大型渡輪一樣的船，會需要非常大的動力，人手和維修費也會很驚人。

萬一遇上翻覆之類的意外，根本不可能靠自己把船翻回來。

在沉船之前，還必須具備能快速做出判斷的技巧和技術。

我也曾經猶豫是不是應該跟身邊的人一樣，換一艘比較大的船來開。不過，到最後我還是一直開著同一艘獨木舟，沒有換大船。

我從來不覺得有什麼特別不方便的地方，反而覺得自己開船的技術和判斷力變得更好了。

像這樣把自己的生活比喻成一艘船，就會更清楚知道操控這艘船需要多少維護成本和勞力。

我既沒有錢買大船，也不懂怎麼開大船，更不具備翻船時的應對能力，而且也不喜歡每天在船上跟一群人開派對交流，所以我還是喜歡可以照著自己的意思和步調前進的單人獨木舟。

我相信大部分的人在剛進入社會的時候，都是像我一樣乘著單人小船，載著少少的物品。

不過，在前進的過程中，有些人會想載更多東西，有些人會覺得換一艘更堅固的船會比較安心。也許就是在從原本的小船換成規模更大的大船的過程中，慢慢地看不見船前進的方向，甚至是忘了怎麼開船。

我看著自己身邊，有的人在單人獨木舟上放了太多東西，導致船難以操控；也有人在換了大船之後以高速前進，結果發生了事故意外。最近也常聽說有的人忘了自己當初為什麼要換大船，或者是一個人就擁有好幾艘船。

相反的，也有愈來愈多人發現，太大的船在操控和維護上太辛苦了，於是減少物品，換成小船來開。對我來說，這就像多了許多同伴的感覺。

往前追溯到更早的時代，也許連選擇自己要開什麼船的權力都沒有，也沒有選項可以選擇。相較之下，現在想開什麼船，選項已經非常多了。

如果我們也可以像開船一樣，用「看得懂」的方式掌握自己的生活，那該會有多輕鬆啊！

恐怕就是因為太難掌握，所以大家才會看這本書吧。

小船有小船的好，大船也有大船的優點。

只要試著想像一下自己現在開什麼船才會開心，就會清楚知道自己適合開多大的船、裝載多少物品。

慎選出航的地點，裝載的物品不要貪多，持續磨練自己開船的技術，這麼一來，就算是開獨木舟也會很開心！

回想開心的事情

每當浪費和亂花錢的行為變多的時候，我都會想：「要是能做到就好了……」

也就是回想「今天開心的事情」。

每當結束工作之後、旅行回到家之後，或是跟朋友玩樂之後等，我的腦袋裡就會開始浮現各種聲音，像是「那樣做說不定會更順利」、「應該有更好的應對方式才對」等，也就是所謂的「個人反省大會」。

以至於我完全忘了工作上得到的成就感、旅行中發生的開心的事、跟朋友一起大笑的事。

如此熱愛自我反省的我，後來自從養成習慣，每天回想「今天開心的事情」之後，現在已經可以用「今天也平安無事，太好了」這種帶點暖暖的心情結束一整天。

現在正在閱讀這本書的各位，有多少人會每天回想「今天開心的事情」呢？

跟過去的我一樣熱愛自我反省的人，一定每天晚上都會開反省大會，沒錯吧？

反省是為了找出可以改進的地方，善用失敗的經驗，讓下次做得更好。從這一點來看，個人反省大會確實能成為成長的推力。但是，在這過程中也會有許多過度的自我苛責。

現在我已經懂得告訴自己「做不好沒關係，可以當成下次改進的經驗」，給自己正面的鼓勵。只不過這樣的聲援，在過去的個人反省大會上從來沒有出現過。

個人反省大會最糟糕的地方，是會讓人「喪失下次改進的勇氣」。

別說是改進了，反而會開始避免讓自己再遇到同樣的情況，覺得自己一定無法應付。

而且，事實上並不是因為想反省才這麼做，而是在不知不覺間已經變成了一種習慣，這也是為什麼戒不了個人反省大會的原因之一。

我很喜歡看貼在超市裡的「顧客意見表」。

「我每天都要吃A麵包店的麵包，請繼續進貨！」「我兒子很喜歡喝B品牌的果汁，現在已經不賣了嗎？」大家的要求都相當明確，不禁讓人覺得：「人的生活就是這樣嗎？」

有一點讓我在意的是，我家附近超市的「顧客意見表」上，幾乎有半數以上都是抱怨或是要求改善的「嚴厲的聲音」，表達肯定、感謝的「溫暖的聲音」非常少。

也許我們一不小心就會跟個人反省會一樣，明明有很多值得肯定，卻只會聚焦在需要改進的地方，於是動不動就對所有事情「挑毛病」。

因此，現在我不時會在常去的超市留下「感謝的聲音」。這個祕密的善心舉動，原本我打算只悄悄地藏在自己心底，不過既然各位都讀到這裡了，我就偷偷地公開這個祕密吧。

每次寫「感謝的聲音」的時候，反而是我自己心裡會漸漸感受到溫暖，下次再來買東西的時候，同樣會產生感謝的心情。比起只是感謝在心裡，這種感覺更讓人開心。

我想對自己也是一樣，把自己從「挑毛病」的模式變成「感謝」模式，對於提升滿足感和開心感來說也非常重要，不是嗎？

假使把「顧客意見」變成「給自己的話」，各位會寫些什麼呢？

即使不特地寫下「給自己的話」，只要在晚上睡覺前想一件「今天開心的事情」，也能算是一種自我維護。

我每天晚上睡覺之前都會回想當天開心的事情，重新再感受一次快樂的心情。

「今天的午餐好好吃……」

「早上散步感覺好舒服……」

「泡澡果然是一件很棒的事情……」

大概就像這樣。

不一定要是「發生的事情」，只要是覺得開心的事情，什麼都可以，甚至小事情的效果反而更好。

舉例來說，比起「早上散步感覺好舒服」，回想起更細微的快樂，像是「早上的空氣好新鮮」、「聽到鳥叫聲，整個人都放鬆了」等，感受快樂的準確度也會變得更高。

當初我在剛從個人反省大會調整成這種方式的時候，想到的快樂也都還很粗糙，可是隨著不斷練習，現在已經可以準確地感受到快樂的心情。

就算只是偶爾想到才做，但很多時候我們會突然意識到：「原來自己那時候的感覺那麼負面！」同樣的一件事情，隨著自己的想法不同，感受會大不相同。

快樂和幸運是不同的概念

自從開始回想「今天開心的事情」，我發現自己覺得開心的事情，幾乎都跟錢沒有關係。

「買到只要100日圓的高麗菜，好開心……」

「午餐省了500日圓……」

「點數累積到1000點了……」

回想起這些當然也很開心，可是實際上我從來沒有想過這些。

這也許是因為覺得快樂，跟花錢或是錢本身並沒有關係，到頭來還是取決於「自己的感受」。

「100日圓的高麗菜」也好，「得到1000點點數」也好，這些即便會讓人覺得「幸運」，但還不至於感到「快樂」。

之所以很努力地節省，卻總覺得很累、很無力，我想應該是因為即便有「幸運」的感覺，卻很少感受到「快樂」。

瞭解這一點之後，我可以更快意識到自己對什麼事情會感到快樂、平時應該把焦點放在哪些事情上，漸漸地我開始感受到更多屬於我自己的「快樂」。

而且亂花錢的情形也減少了，低成本生活變得比以前更充實。

也許透過一次又一次地回想「今天開心的事情」，可以慢慢地形塑出屬於自己的「幸福觀」。

Q▼ 日常生活中如果覺得心情煩躁，該怎麼紓解壓力或是轉念？

A▼ 我認為最好的方式，就是透過「煩躁」來瞭解自己。

因為「煩躁」的原因背後，通常隱藏讓自己的生活變得更好的重要提示。「煩躁」的原因有很多，以我自己的經驗來說，大部分都是因為在無意識間跟過去經歷過的「不好的記憶」重疊……除此之外，有時候就只是單純「不喜歡」的表現而已。

舉例來說，被問到不想被問的事情，或是聽到不想聽的事情時，是不是會覺得「很煩」呢？這是一種「為了保護自己的煩躁」，必須要認真看待才行。不論是哪一種，「煩躁」都是很奇妙的情緒，就像把磁鐵的同極相對一樣讓人抓不準。

在思考自己是屬於哪一種「煩躁」的過程中，說不定可以更認識自己。

第 4 章

用心維持生活

往水流平穩的地方去

我認為低成本生活困難的地方在於，如何讓一度建立起來的簡樸生活能夠維持下去。

我們現在的生活環境，就算沒有堅定的意志「要不停買東西」、「要持續使用服務」，錢也會很容易就花掉。

正因為如此，想要抵抗這股「沒有想太多就把錢花在購物和服務上」的潮流，若是沒有一定的意志力和習慣，實在很難辦到，而我認為這就是低成本生活的意義所在。

雖然說是抵抗潮流，不過對於過著低成本生活的人來說，感覺會比較像是「背離潮流」。

若是以河川來比喻，感覺就像自己不是站在水流湍急的河川中央，而是佇立在水流平穩的河邊。

想要維持低成本生活，必須隨時調整自己所處的位置，留意盡量避免站在中央，到最後就能達到最輕鬆的狀態。

然而，雖然只要站在河邊就好了，可是就連這樣也很難辦到，因為「大家都站在河川中央」的情況，會讓人心生焦慮，猶豫自己是不是也應該要站過去比較好。

當初我開始過著低成本生活的時候，首先除了培養節省的習慣以外，做事情也會選擇在「人少」的場所和時間行動。

像這樣完全避開人多的場所和時間之後，我發現自己其實經常跟隨著他人的行動，或是當下的情況去採取行動。

看到一堆人擠在特賣花車前，自己也會忍不住擠進去看看；看到大家在裝到滿特賣活動上拚命把東西往袋子裡塞，自己也會被吸引而參加。

為什麼會被吸引呢？因為「大家看起來好像都很開心」。

就只有這個原因。

站在河邊，就會遠遠看著河中央的「大家似乎很開心」。

這時候有些人會撐著很痛苦，也有人會乾脆放棄。

我覺得不需要勉強，可以選擇待在自己覺得舒服自在的地方，偶爾再站回河邊就好。

相反的，也有人是一直站在河邊，偶爾才稍微往中央靠近一點。我有時候也會因為好奇而往中央靠近，不過最後一定會記得回到河邊。保持這種作法，也許是維持低成本生活非常重要的訣竅。

河中央代表的是「眾人的價值觀」，河邊則是「自己的價值觀」。如果有辦法在兩者之間自由移動，維持低成本生活便不再是件困難的事。因為你同時擁有眾人和自己的觀點，能夠客觀地判斷情況，用更開放的態度打造自己的生活。

不需要完全配合眾人的價值觀，也不必非得堅持自己的價值觀不可，可以在兩者之間來回移動，慢慢地就會找到當下自己覺得舒服的位置。到最後，這就是「持續下去」，再回頭看自己走過的路，會發現自己正「持續著」。

假使哪一天想要調整自己的生活，也許就能回想一下，自己想待在什麼位置，是「河川中央」？還是「河邊」？

待在自己想待的地方就行了。

那個地方就會變成你的歸屬和生活。

告訴自己「剩下的就只是等待了」

大約從去年開始，我試著自己在陽台種紫蘇。因為從種子開始種會長太多，所以我只買了一株幼苗來種在盆栽裡，除此之外就沒有別的，是個非常簡樸的家庭菜園。

我會種的就只有紫蘇這種簡單的東西而已，不過雖然只有一株，卻是我每年夏天的樂趣之一。

當然，在超市一買就是十片左右，就算是自己種，也不是馬上就能收成。

種下去之後，接下來就只能靜靜地等它成長，這段時間相當漫長。

比起直接買成熟的作物，自己種要來得便宜多了，而且感覺還得到一段充滿期待的時光。

而且等待的過程讓人非常開心，是一段很棒的靜止的時間。

靜止聽起來可能有「停滯」的感覺，可是即便自己什麼都沒做，植物也一直在生長。我相信在我們的生活中，說不定大部分的事情就像這樣，「種下種子之後，剩下的就只有等待了」。

就算是不懂園藝的我也知道，如果為了想儘早收成而經常打擾植物的生長，後續會非常麻煩。

無論是隨意移動盆栽位置，或是想給植物多施點肥，都要努力讓自己「停止」這麼做。

隨便打擾植物的生長，對結果一點幫助也沒有。

這跟低成本生活的道理是一樣的。

必須重新調整自己凡事都想干涉的習慣，隨時告訴自己「雖然看不見，可是一切都在進行當中」。這一點非常重要。

這不是忍耐，而是守護成長。

試著停止吧，也許你會看見比躁進更好的結果。

練習停止

每天忙碌的生活，會讓人覺得所有事情理當都漸漸地有所進展。但是，若是用這樣的步調去過低成本生活，很可能會讓好不容易調整好的生活模式又開始膨脹。

我認為可以給自己設定一個停下來的時機，例如開始猶豫「我是不是該停下來」的時候，這麼一來，就不容易偏離低成本生活的主軸。

現代人的生活，無論任何事情都能自由調整，夜晚也能變得跟白天一樣明亮，即使是冬天，也可以把溫度調整得跟夏天一樣溫暖。

可是有時難免會覺得，相對地人的活動時間反而拉得太長了。

我自從開始過著低成本生活以後，每到下雨天就幾乎不太出門。

因為沒事的話，根本沒有必要特地出門，但如果是原本就計畫要出門倒是另當別論。

說好聽一點就是過著「晴耕雨讀」的生活。

以前每天通勤上班，最討厭遇到下雨，不僅衣服會弄濕，還得隨身帶把傘。可是現在下雨天反而能讓我靜下心來，成了自我省思的好機會。

下雨的時候，屋裡外頭一片寂靜，專注力也變好了，所以我通常會趁這時候看書或是想事情，彷彿是借助雨的力量，練習停下日常生活的腳步。

人在疲累或是心情煩躁的時候，通常會因為不安而想嘗試新事物，可是我發現這時候停下來，效果反而更好。

停下來，感覺比前進更難。

所以需要經常練習。

接下來就跟大家分享幾個我自己停下來的方法。

▼停止腳步練習1：晨間筆記

自從我開始練習把腦袋裡的事情寫下來之後，煩惱、抱怨的情形就少了很多。

之所以會開始培養這種習慣，是因為比起一整天想破頭，我發現早上剛起床的時候特別容易想到問題的解決方法。

可能是因為早上頭腦還沒完全清醒，心裡真正的想法比較容易浮現。

作法很簡單，不要想太多，直接把當下想到的東西全部寫在筆記裡。

這時候很神奇的是，原本停滯的情況會開始有進展，或是想到好點子。我通常都會趁著一大早，一面喝茶一面做筆記。

順帶一提，我常用的筆記本是方便書寫的A4塗鴉本。因為塗鴉本的頁數多，又是空白，可以不受限制地任意書寫。

▼停止腳步練習2：放空時間

比起以前，我現在的生活明顯多了許多「什麼都不做的時間」。

因為我發現什麼都不做，大腦反而可以好好地整理情報。

一開始我也沒辦法真的「什麼都不做」，腦海裡總是會出現各種聲音，讓人無法靜下心來。不過，現在我已經很會放空了。

我發現因為覺得「必須做點什麼！」，所以才去做的事情，通常都不會有好的結果，於是我開始積極地空出「什麼都不做的時間」。

其中影響最明顯的，就是在旅行的時候。

以前的我認為「旅行」就是不停地逛街、踩景點，不過現在我會把更多的時間用來感受當地才有的氛圍。

自從這麼做之後，我發現就算旅行結束過了好一段時間，還是會一直記得「那時候那個地方的感覺好棒……」。對我來說，旅行的樂趣已經變得跟以前不同了。

我認為，如果想要稍微擺脫日常生活中經常出現的「必須做點什麼！」的衝動，就必須為自己創造能夠體驗「慢慢來的感覺」的「放空時間」。這跟「停下腳步」感覺不太一樣。

一開始可能會覺得閒到發慌，不過久了之後，會發現自己的感受開始出現變化。比起時間的運用和管理，身體的感受也許更重要。

▼停止腳步練習3：偶爾踏出生活圈

過度沉浸在日常生活中，會讓人忽略很多事情。

好事也好，不滿也好，很多事情還是要離開「平時所處的環境」，自己才會有所察覺。

我發現這種時候，「稍微離開生活圈」非常有用。

這也許跟「停下腳步」也有點不一樣，可是對我來說，這就像「稍微暫停生活的腳步」，所以我也把它視為是停下腳步的一種。

我以前很喜歡每隔一段時間就搬家或是去旅行，後來隨著過起低成本生活，我發現就算不用特地出遠門或是做多大的改變，「只要到大約一、兩個車站以外的地方，就能改變心情」。

從那之後，我就很少出遠門了，每當覺得心情莫名煩躁，或者是想稍微跳脫日常生活的時候，我就會花一、兩個小時的時間慢慢散步，或是搭電車到好幾站以外的地方走走，縮小移動的範圍。

同樣地在這些短距離的移動過程中，經常能突然察覺煩惱自己的真正問題，或者是自己真正在意的事情，讓思緒和心情豁然開朗。

也許只要稍微離開常走的街道和日常風景，對自己來說就是一種新的刺激。

「就算只有一點點也好，做跟平常不一樣的事情」。這也是我日常生活中停下腳步的方法之一。

果斷放棄

以前我以為自己是個執著、固執的人，後來不知道是不是受到低成本生活的影響，現在放棄得比過去要來得快上許多。

以前總覺得「放棄＝半途而廢」，帶有負面的意味，所以會盡量要自己別放棄。我會鼓勵自己「不可以放棄！」，有時候也會心不甘情不願地繼續做某件事。

但是，自從學會放棄以後，很明顯地反而可以更輕鬆地得到我真正想要的東西。就連以前必須更努力掙扎、拚命才能得到的東西，如今早早放棄之後，卻有一種「原來它就近在眼前」的感覺。

我回過頭去思考為什麼會這樣，結果發現是因為自己「果斷地放棄了」。

這讓我意識到「放棄才能得到」的神祕法則的存在。

所謂放棄，大概就像以下的例子。

假設出門去買某個想要的東西。

結果自己想要的東西賣完了！一般來說，這時候通常會湧現一股強烈的執念，想盡辦法要把東西得到手。

但是，如果當下可以換個想法：「也許自己現在並不需要這個東西」，就有更多的機會可以遇到比原本想要的東西更適合自己的東西，或者是在其他地方發現更好的東西。

一心想著「我只要這個」的時候，視野也會變得十分狹隘，什麼都看不見。但是，如果能果斷地「放棄」，視野便會整個打開，也許就能清楚看見近在眼前的機會。

節約和低成本的方法也是一樣，當我拚命地去找的時候，不知道為什麼偏偏就是一無所獲。可是當我果斷地放棄，幾乎快要忘記的時候，反而遇見自己真正需要的情報。

生活中如果出現「再找一下好了」、「說不定還有更好的」這種「再～一下」的想法時，稍微「試著放棄」或許更有用。

與其說「放棄了才能前進」，應該是說「苦苦追求反而得不到」。

至於放棄的最佳時機，當「不想放棄」的念頭最強烈的時候，反而就是應該果斷放棄的時候。有時候比起進攻，撤退反而更有效。

我發現放棄得早，事情也會更快有進展。

在還沒放棄的時候，一切感覺就像是在原地踏步，耗費了能量，卻毫無進展。

「放棄」其實就是提早轉換心情，把自己調整到朝下一步前進的狀態。

若一心想著「不想失敗」或是「不想犯錯」，說不定就會不想放棄。

保持謹慎的態度也許有它的意義，但是只要時間和情況持續改變，要避免失敗和犯錯就幾乎是不可能的事。

我只要發現自己有以下的感覺，就會決定放棄。

怎麼辦才好……

好像不太對……

失敗了！

與其說是放棄，感覺比較像是「停止」。

這是因為，如果是自己覺得應該去做，或是真的應該做的事情，在態度上一定會更積極，例如「想繼續做」、「想繼續努力」等，而不是先有「不想放棄」的念頭。

這裡有個小技巧就是，如果想著要「放棄」，結果很容易會變成「無法澈底放棄」，所以也許可以養成習慣朝前進的方向思考。

舉例來說，假設有A、B兩個選項，考慮之後決定選擇B。

・放棄A，選擇B

・直接選擇B

採取後者「直接選擇B」的人，不論是在心情上還是思路上，都會比較乾淨俐落。這麼說大家應該就懂了吧。

我認為想要學會果斷放棄，祕訣就是與其選擇「放棄A」這種消極的作法，不如平時就養成「我要選擇B」的態度。

「放棄」的效果和功用雖然驚人，可是沒有人知道它會影響哪些地方。

大家可以抱著期待的心情，把帶有積極意味的「果斷放棄」習慣，變成生活中的一部分。

把注意力放在「已經擁有」的東西上

人的意識十分奇妙，如果認為「已經有了」，放眼看去就會覺得家裡「什麼都有」，相反地若是認為「全都沒有」，就會覺得「什麼都沒有」。

如果是這樣的話，選擇自己滿意的想法不僅心情上會比較輕鬆，而且也不必多做事。

如果認為「東西很多」，看著家裡就會覺得東西真的很多。這是因為你為了配合心裡的想法，所以看的時候注意力都放在多餘的東西上。

當你認為「東西很少」的時候，就只會看見「沒有」的部分，東西看起來自然就會變少。

這並不是什麼魔術技法，只是看法會隨著焦點改變，如此而已。

既然只要把焦點放在「已經擁有」的東西上就好了，可是之所以做不到，很多時候都是因為「現在這樣不行！」的焦躁感。

突然想改變現在的自己或是生活的時候，一定都是因為某種「缺乏症」發作的緣故。我自己過去也經常這樣。

突然熱中於居家布置，或是想全部重新買衣服，或是想到遠方旅行……

這些或許能為生活帶來些許改變，可是基本上自己沒有任何改變，因此之後不曉得在什麼時候又會「缺乏症」發作……就這樣陷入反覆循環。

一旦意識到自己「已經有了」或是「已經會了」，原本焦慮、不安的心情就會冷靜下來，十分神奇。

反而是「都還沒有」、「都還不會」的念頭，才會讓人感到焦慮和不安。

解決的方法只有一個，就是回想起自己「已經有了」。

只要養成這個習慣，就能減少浪費和亂花錢，重新找回自我步調的生活。

練習放棄

前面的內容中提到「果斷放棄」，老實說，我認為低成本生活本身可以說就是一種「放棄」。

「放棄」聽起來雖然帶有消極的意味，但是我的感覺卻是完全相反。

停止對自己或是他人、某件事物抱持期待之後，我在各方面都變得更順利了。

現在的社會環境，不論是找尋自己想要的東西，或是想辦法得到自己想要的東西，都會讓人覺得「還差一點就能得到了」，於是讓人容易產生無用的堅持，使得「放棄」這件事變得愈來愈困難。

在網路上搜尋某樣商品，就會一直被推薦類似的商品。想要的商品就算賣完了，也會收到「進貨通知」。類似的商品和服務如雨後春筍般出現。甚至可以感受到賣家「怎麼可能讓你放棄！」的堅定意志。很多時候就算想轉身離開，也會被挽留下來。也許現在的社會已經變成這樣了吧。

生活在這樣的環境底下，若是自己不積極地「放棄」，很容易一步步被捲入自己以外的其他事物當中。

我雖然也有這方面的經驗，不過日常生活中幾乎沒有什麼東西或是服務對我來說，是非常緊急、非得擁有不可的。

主動積極放棄之後，我手邊的錢不再減少，隨身物品也不再增加，生活變得簡單而輕盈。

只不過，放棄跟前面提過的「停止腳步」一樣，必須靠平時多練習才有辦法做得好。

因此，大家可以事先準備好各種不同情境的「放棄術語」。

例如以下就是我大腦裡隨時準備好的「放棄術語」。

大家可以把這些當成單字卡一樣來運用。

〈行動〉如果得不到想要的東西，就先打消念頭

- 下次來的時候再找找看
- 再等一個禮拜看看，還是沒有就算了
- 忍住別再去其他店家找
- 先暫時忘記這回事，不要到處尋找替代品

〈語言〉放棄堅持，轉換心情

- 「沒有緣分」

・「現在應該還用不上」
・「等到真的需要的時候再買」
・「現在好像不想要了」

這就是所謂的「主動如果沒用的話就退一步」策略。

如果購買是加法的話，放棄就是減法。

兩種計算都會，低成本生活才會有進展。

最後要補充的一點是，一旦出現「不得不放棄」這種「不得不～的思考模式」，反而會讓執念變得更強烈，一定要注意。

這種時候，與其拚命想著「不得不放棄」，不如告訴自己「不放棄也沒關係」或是「再看一下情況」，等到發現的時候，已經自然而然地放棄了。

不要想太多，先習慣放棄再說。

KAZETAMI會談室

Q▼有什麼方法可以排除「好煩」的心情？

A▼「好煩」的感覺經常潛藏在日常生活中，感覺到處都可以見到它的影子。就算想趕走它，它還是會緊緊黏在身邊，所以不如坦然地承認它的存在。

以內心的變化來說，很多事情一開始都會覺得「好煩」，可是這時候如果告訴自己「還是做吧」，通常就會覺得「我可以辦得到！」。

或者，也可以運用第3章介紹過的「雖然～」的說法。

「雖然很煩，不過還是要動起來，這樣才是真正的了不起」，用這種方式鼓勵自己，說不定會更容易動起來。

只不過，這世上也許是認真的人太多了，明明是「應該不用做」的事情，很多人卻不這麼想，反而認為是「自己懶得做」，所以這裡頭也包含了許多「理所當然不需要做的事情」。

試著去地分辨自己究竟是純粹覺得「好煩（好累）」，還是「好煩（不想做）」，應該就會知道下一步該怎麼做了。

結語　思考「幸福」

從這個標題看起來，感覺好像我要說什麼高尚的大道理，不過其實我要說的只是，幸福必須透過不斷思考才會感受到它的存在。

人類是無情的生物，倘若沒有機會持續思考幸福的意義，就算過得再幸福，也會覺得「這樣很正常」而習以為常。為了避免這種習慣，我認為生活中有些許的不便，反而剛剛好。

我之所以喜歡過著低成本生活，是因為少許的不便和減少花錢，可以讓我不停地問自己什麼才是對我而言的幸福。

可以確定的是，比起花錢沒有限制的時候，我現在感受到更多幸福。

事實上，我們經常在思考「什麼是幸福」，而這反而給我們帶來了許多不幸。

當你不斷地懷疑「我幸福嗎？」，你就愈會覺得許多東西和服務都是必要的，相對地就必須花更多錢來滿足自己。

與其說「想要變幸福」，其實很多時候我們花錢都是為了消除心裡「我現在幸福嗎？」的疑問（也有人花錢是為了要毫不猶豫、斬釘截鐵地說出「我很幸福」，這部分就比較難以理解）。

我一直不斷地藉由低成本生活在思考：「這就是幸福吧？」

在新綠的季節，散步在家裡附近，我想「也許這就是幸福吧」；早上起床覺得精神飽滿，我想「也許這就是幸福吧」；想到什麼立刻就能付諸實行，我想「也許這就是幸福吧」。比起一直處在幸福的狀態下，生活中能有這種感受到「也許這就是幸福」的瞬間，肯定非常重要。

擁有這個就會幸福、有了那個就會變幸福……像這種一開始就打著「保證、提供幸福」的東西，會讓人以為就是幸福，但其實並不是。

重要的不是得到的東西，而是自己的感受、自己的發現。

說到幸福，我想到的是很老套的四葉幸運草，但不是每個人都要尋找或是擁有屬於自己的四葉幸運草，也可以把自己喜歡的東西當成「自己的幸福象徵」，這也是一種持續思考自己的幸福的表現，不是嗎？

不必為了「沒有找到四葉幸運草」而沮喪，或是感到自卑。

假設這世上有價值兩千萬日圓的幸運草，但是就算買不起，也不代表就無法擁有幸福。

重要的是必須靠自己找到成本更低的無價之寶。

對每個人來說，幸福隨時都在改變。

因為生活沒有所謂的「完成」。

難以感受到幸福的時候，可以試著過低成本生活，也許就能重新感受到什麼才是對自己而言真正的幸福。

至於自我檢視的方法，我用自己的方式整理成這本書的內容。

一一檢試，到頭來反而是最快的方法。

就算認為只是小事情，但是究竟會給什麼帶來何種影響，答案只有老天爺才會知道。

因此，不要自己妄下判斷，不論什麼都應該嘗試著去做，這才是最重要的。

生活不斷改變追求幸福的目標也很有趣，不過我喜歡的是可以自己調整幸福感的生活。

幸福的生活是靠自己打造，不是別人給的。

有了金錢這個可以自由使用的工具之後，一不小心就會忘記最重要的是為自己親手打造幸福，並且深刻地去感受它。

我是個會持續每天一一檢視自己生活的人，也希望大家能藉由這本書，重新去思考並感受幸福。那麼，最後祝福大家都能擁有一個美好的低成本生活！

低成本生活 / 風野民作 ; 賴郁婷譯. -- 初版. -- 臺北市 : 春天出版國際文化股份有限公司, 2025.01
面 ; 公分. -- (Progress ; 33)
譯自 : 低コスト生活
ISBN 978-957-741-988-0(平裝)
1.CST: 簡化生活 2.CST: 生活指導

192.5 113017265

低成本生活

低コスト生活

Progress 33

作　　者◎風野民
封面繪者◎芦野公平
譯　　者◎賴郁婷
總 編 輯◎莊宜勳
主　　編◎鍾靈
出 版 者◎春天出版國際文化股份有限公司
地　　址◎台北市大安區忠孝東路4段303號4樓之1
電　　話◎02-7733-4070
傳　　真◎02-7733-4069
E－mail◎frank.spring@msa.hinet.net
網　　址◎http://www.bookspring.com.tw
部 落 格◎http://blog.pixnet.net/bookspring
郵政帳號◎19705538
戶　　名◎春天出版國際文化股份有限公司
出版日期◎二〇二五年一月初版
　　　　　二〇二五年十月初版七刷
定　　價◎320元

總　經　銷◎楨德圖書事業有限公司
地　　　址◎新北市新店區中興路2段196號8樓
電　　　話◎02-8919-3186
傳　　　真◎02-8914-5524
香港總代理◎一代匯集
地　　　址◎九龍旺角塘尾道64號 龍駒企業大廈10 B&D室
電　　　話◎852-2783-8102
傳　　　真◎852-2396-0050

ISBN 978-957-741-988-0
Printed in Taiwan